Die 28. Auflage des Nestle-Aland

DAVID TROBISCH

DIE 28. AUFLAGE DES NESTLE-ALAND

Eine Einführung

DEUTSCHE BIBELGESELLSCHAFT

Die Deutsche Bibelgesellschaft ist eine gemeinnützige kirchliche Stiftung. Gemeinsam mit dem Weltbund der Bibelgesellschaften (United Bible Societies) fördert sie die biblische Textforschung sowie die weltweite Übersetzung der Bibel – damit alle Menschen die Bibel in ihrer Sprache lesen können.

The German Bible Society is a not for profit religious foundation. Its mission, in collaboration with other members of the United Bible Societies, is to promote biblical research and worldwide Bible translation work in order to make the Bible available to everybody in their own language.

ISBN 978-3-438-05141-7

2., korrigierter Druck
An English version of this book is also available. For more information please visit www.sbl-site.org.
Satz: Laupp & Göbel, Nehren
Gesamtherstellung: fgb – freiburger graphische betriebe

Printed in Germany

www.dbg.de
www.nestle-aland.com

Vorbemerkung

Das *Novum Testamentum Graece*, das nach seinen beiden wichtigsten historischen Herausgebern auch häufig als »Nestle-Aland« bezeichnet wird, ist im Jahr 2012 in der 28. Auflage erschienen. Es wird vom *Institut für Neutestamentliche Textforschung* in Münster/Westfalen unter der wissenschaftlichen Leitung von Holger Strutwolf herausgegeben. NA28, wie das Buch in dieser Einführung genannt wird, setzt konsequent fort, was in früheren Auflagen begonnen wurde. Die Ausgabe bietet einen Überblick über die handschriftliche Überlieferung und dokumentiert gleichzeitig das Ergebnis wissenschaftlicher Bemühungen, aus der Fülle der erhaltenen Lesarten den ältesten Text des griechischen Neuen Testamentes zu rekonstruieren. Die auf etwa 1000 Druckseiten angewachsene Handausgabe ist übersichtlicher und benutzerfreundlicher geworden und verspricht in ihrer neuen Form, auch weiterhin ihre führende Rolle in der wissenschaftlichen Exegese, im akademischen Unterricht und als Ausgangstext für Bibelübersetzungen wahrzunehmen.

Die vorliegende Einführung in die Ausgabe ist in drei Teile gegliedert. Beim ersten Teil, *Aufbau und Intention der Ausgabe*, ist an Benutzerinnen und Benutzer gedacht, die sich zum allerersten Mal mit dieser Ausgabe des griechischen Neuen Testamentes auseinandersetzen. Griechischkenntnisse sind zwar hilfreich, aber keine Voraussetzung. Ziel ist es, neben Struktur und Konzeption der Ausgabe auch ein kritisches Verständnis für die Probleme und Unsicherheiten bei der Rekonstruktion des ältesten griechischen Textes zu vermitteln. Ich habe hier an interessierte Laien, an Leistungskurse im Gymnasium, aber auch an Lehramtskandidatinnen und -kandidaten gedacht, die den wissenschaftlichen Hintergrund von Fußnoten zur Textgrundlage in deutschen Bibelübersetzungen verstehen und Verweise auf Textprobleme, wie sie in der Fachliteratur begegnen, nachvollziehen wollen. Die Übungsaufgaben sind so formuliert, dass sie auch im Unterricht eingesetzt werden können. Die korrekten Ergebnisse und der Lösungsweg sind in einem Anhang beigegeben.

Der zweite Teil, *Übungen und Verständnishilfen*, möchte anhand konkreter Aufgaben in die praktische Arbeit mit der Ausgabe einführen. In diesem Abschnitt wird das Verständnis von in der Ausgabe verwendeten Fachausdrücken vermittelt und der Umgang mit Einleitung, Apparat und Anhängen eingeübt. Dieser Teil richtet sich an Studierende, die sich auf einen Hochschulabschluss mit dem Schwerpunkt Bibelwissenschaften vorbereiten.

Der dritte Teil, *Das Novum Testamentum Graece als wissenschaftliche Ausgabe*, schließlich ist an Fachkolleginnen und -kollegen gerichtet, die sich in Forschung und Lehre mit dem Neuen Testament beschäftigen und sich einen Überblick über Stärken und Grenzen dieser Handausgabe verschaffen wollen. Hier werden auch in kompakter Form die wichtigsten Änderungen der 28. Auflage zu vorhergehenden Auflagen des *Novum Testamentum Graece* zusammengefasst.

Ich setze voraus, dass Leserinnen und Leser ein Exemplar der 28. Auflage des Nestle-Aland zur Verfügung haben, wenn sie diese Einführung lesen. Zahlen in runden Klammern verweisen auf Seitenzahlen in der Ausgabe.

Ihnen allen wünsche ich viel praktischen Nutzen, aber auch Freude an der neuen Ausgabe.

März 2013 *David Trobisch*

Inhaltsverzeichnis

I. Aufbau und Intention der Ausgabe

1. Zur Überlieferungsgeschichte des griechischen Neuen Testamentes

Zwischen 5500 und 6000 handschriftliche Kopien mit Text aus dem Neuen Testament sind heute bekannt, und ihre Zahl nimmt ständig zu. Es gibt wohl keinen Satz im Neuen Testament, der in allen erhaltenen Abschriften denselben Wortlaut bietet. Warum?

Jesu letzte Worte am Kreuz werden im Markusevangelium mit den Worten »elōi elōi lema sabachthani« wiedergegeben, und der Autor des Evangeliums erklärt: »Übersetzt heißt das: Mein Gott, mein Gott, warum hast du mich verlassen?« (Mk 15,34). Es wird also bei Leserinnen und Lesern vorausgesetzt, dass sie wissen, dass Jesus Aramäisch sprach, wenn er sich an Bauern, Fischer, Pharisäer, Sadduzäer und Schriftgelehrte in Galiläa und Judäa wandte, und dass seine Reden im griechischen Neuen Testament eine Übersetzung darstellten. Auch der erste Teil der christlichen Bibel, das »Alte« Testament, enthielt Schriften, die ursprünglich auf Hebräisch verfasst waren und erst später ins Griechische übersetzt wurden.

Es ist vielleicht diese einfache Beobachtung, dass Herausgeber und Leserschaft von Anfang an wussten, dass es sich bei den Jesusworten und den meisten jüdischen Schriften der christlichen Bibel um Übersetzungen ins Griechische handelte, die ihnen erlaubte, während der eineinhalbtausend Jahre ihrer handschriftlichen Vervielfältigung den Text ständig zu bearbeiten. Es ging ihnen unter anderem auch darum, Missverständnisse zu vermeiden, die sich aus veränderten Sprachgewohnheiten ergeben konnten. Griechisch war und ist eine lebende Sprache. Auch heute werden Bibelübersetzungen in regelmäßigen Abständen mit dem Ziel revidiert, die Lesbarkeit zu erhöhen und etwaige Fehler in älteren Ausgaben zu korrigieren. So wurde zum Beispiel die Lutherbibel im 20. Jahrhundert mehrfach überarbeitet. Revidierte Ausgaben, die in der textkritischen Fachliteratur als *Rezensionen* bezeichnet werden, lassen sich in der byzantinischen Epoche in der handschriftlichen Tradition eindeutig belegen und erlauben es, einige Handschriften zu Gruppen zusammenzufassen. In der Frühzeit der Überlieferung sind solche Revisionen wohl auch erfolgt, können aber bisher nicht mit genügend Sicherheit nachgewiesen werden.

Redaktionelle Veränderungen sind aber nicht der einzige Grund für die Fülle der Textvarianten. Sowohl beim Lesen eines handgeschriebenen Textes als auch beim Niederschreiben können versehentlich Textvarianten entstehen. In den allermeisten Fällen handelt es sich dabei um Flüchtigkeitsfehler, denn es ist schwierig, Texte per Hand fehlerlos zu vervielfältigen.

Der Nestle-Aland gibt die Entscheidungen eines Herausgeberkreises wieder, der sich bemüht, aus dem Reichtum der Textvarianten den Wortlaut der ältesten erhaltenen Textform zu rekonstruieren. Solche Ausgaben werden als *kritische Ausgaben* bezeichnet. Bei sogenannten *diplomatischen Ausgaben* wird dagegen der Wortlaut einer Handschrift in die Textzeile gestellt, und die Abweichungen, die sich in anderen Handschriften finden, werden getrennt notiert. Die *Biblia Hebraica Stuttgartensia*, die wissenschaftliche Ausgabe der Hebräischen Bibel, ist im Wesentlichen eine solche diplomatische Ausgabe.

Die Entscheidungen der Herausgeber des *Novum Testamentum Graece* werden in regelmäßigen Abständen geprüft, um Erkenntnisse aus neuen Funden und neuen methodischen Ansätzen zu berücksichtigen. Seit der ersten Veröffentlichung im Jahre 1898 hat das Werk siebenundzwanzig Neuauflagen erlebt. Die Information zu den Textvarianten müssen dabei auf dem begrenzten Raum einer gedruckten Handausgabe dargestellt werden. Daher werden nicht alle Textvarianten in allen Handschriften notiert. Stattdessen wählen die Herausgeber eine Anzahl von Stellen aus, an denen sie Textabweichungen in einer Auswahl von Handschriften beschreiben. Diese Information wird am unteren Seitenrand im Apparat verzeichnet.

Der Nestle-Aland bietet seinen Benutzerinnen und Benutzern also einen repräsentativen Überblick über die handschriftliche Überlieferung an ausgewählten Textstellen des Neuen Testamentes. Für eine detailliertere Beschreibung aller Varianten in allen Handschriften wird man auf andere Ausgaben zugreifen müssen wie die im Entstehen begriffene *Editio Critica Maior*, die ebenfalls vom *Institut für Neutestamentliche Textforschung* in Münster herausgegeben wird (3* Fn. 1), oder – jedenfalls langfristig – auf Datenbanken im Internet.

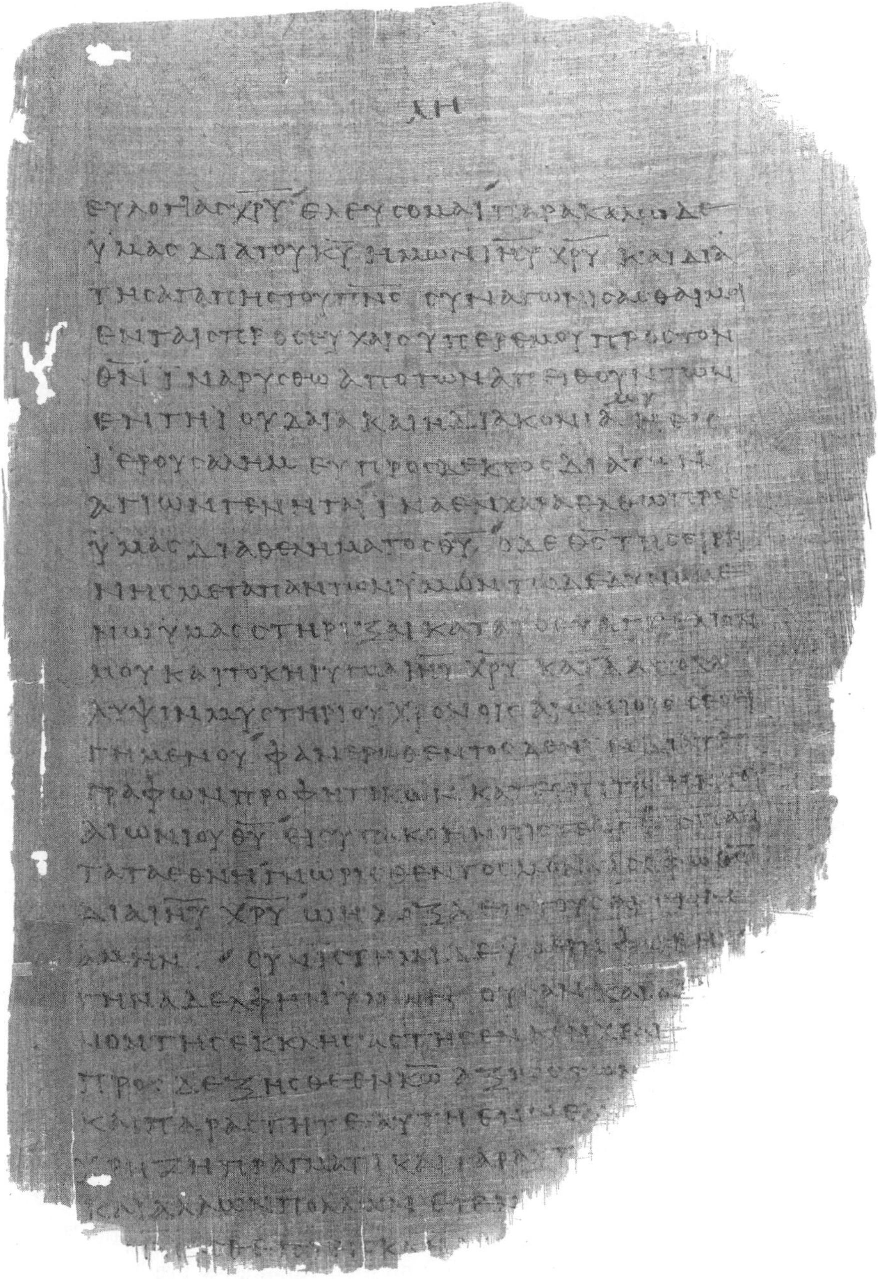

$\mathfrak{P}^{46}$: P.Mich.inv. 6238, 38; Verso (Röm 15,29–16,3)
Image digitally reproduced with the permission of the Papyrology Collection, Graduate Library, University of Michigan; Inventory number: P.Mich.inv. 6238.

2. Die Handschriften

Papyrus 46

Die abgebildete Seite (s. S. 11) stammt aus der ältesten umfangreich erhaltenen Abschrift der Paulusbriefsammlung. Diese Handschrift ist auf Papyrus geschrieben, sie wird in NA28 als $\mathfrak{P}^{46}$ geführt und auf »ca. 200« datiert (794). Die abgebildete Seite enthält Text aus Röm 15,29–16,3 und befindet sich heute in der Papyrussammlung der Universität Michigan in Ann Arbor.

Wenn Sie diese Seite des $\mathfrak{P}^{46}$ mit der entsprechenden Seite in NA28 vergleichen (Röm 15,29 ist in NA28 auf Seite 514 zu finden), fallen sofort einige Unterschiede auf.

$\mathfrak{P}^{46}$ ist, wie alle alten Handschriften des Neuen Testamentes, in Großbuchstaben geschrieben (sogenannte Majuskeln oder Unzialen), während in NA28 griechische Groß- und Kleinbuchstaben verwendet werden. Die Benutzung von Groß- und Kleinbuchstaben wurde erst seit dem Mittelalter üblich.

Es fällt ferner auf, dass $\mathfrak{P}^{46}$ den Text nicht strukturiert. Es fehlen nicht nur die vertrauten Kapitel- und Versangaben, es fehlen sämtliche Satzzeichen, und die einzelnen Wörter werden auch nicht durch Abstände voneinander getrennt.

Nomina Sacra in $\mathfrak{P}^{46}$

Ferner enthält $\mathfrak{P}^{46}$ wie alle anderen neutestamentlichen Handschriften eine Anzahl von Wörtern, die verkürzt wiedergegeben werden, die sogenannten *nomina sacra* (deutsch: »Heilige Namen«). Es handelt sich dabei um ein System, bestimmte Begriffe wie *Gott, Herr, Jesus, Christus* zu verzeichnen, indem immer nur ein oder zwei Buchstaben vom Anfang und Ende des Wortes notiert, die Buchstaben in der Mitte des Wortes aber weggelassen werden. Die auf diese Weise kontrahierten Ausdrücke werden von den Schreibern dann mit einem Oberstrich über dem Wort markiert.

Nicht alle Handschriften notieren dieselben Wörter als *nomina sacra*. Auch kommt es häufig vor, dass dieselbe Handschrift dasselbe Wort manchmal als *nomen sacrum* notiert und manchmal ausschreibt.

Die ersten beiden Textzeilen der Seitenprobe enthalten drei *nomina sacra*, die in NA28 aufgelöst sind.

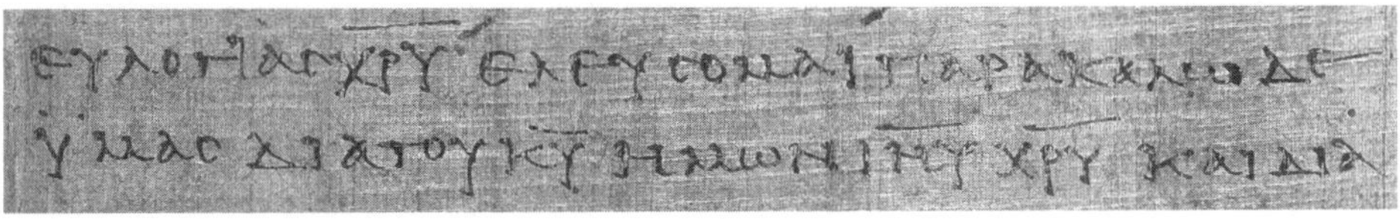

Transkription:
ΕΥΛΟΓΙΑΣΧ̅Ρ̅Υ̅ΕΛΕΥΣΟΜΑΙΠΑΡΑΚΑΛΩΔΕ
ΥΜΑΣΔΙΑΤΟΥΚ̅Υ̅ΗΜΩΝΙ̅Η̅Υ̅Χ̅Ρ̅Υ̅ΚΑΙΔΙΑ

Transkription ohne nomina sacra mit Worttrennung, Groß- und Kleinbuchstaben, Akzenten:
εὐλογίας Χριστοῦ ἐλεύσομαι παρακαλῶ δὲ
ὑμᾶς διὰ τοῦ κυρίου ἡμῶν Ἰησοῦ Χριστοῦ καὶ διὰ

Notierung in NA28 (Seite 514):

ἐν ⸀πληρώματι εὐλογίας ⸆ Χριστοῦ ἐλεύσομαι.
30 Παρακαλῶ δὲ ὑμᾶς °[, ἀδελφοί,] διὰ τοῦ ⸆ κυρίου
ἡμῶν Ἰησοῦ Χριστοῦ καὶ διὰ τῆς ἀγάπης τοῦ πνεύματος

Mit der Einführung des Buchdruckes im 15. Jahrhundert wurde auf die Notierung von *nomina sacra* in den gängigen Ausgaben des griechischen Neuen Testamentes verzichtet. In NA28 sind sie daher ausgeschrieben.

Auch sei an dieser Stelle daran erinnert, dass der Nestle-Aland nicht einfach den Text der ältesten Abschrift wiedergibt (vgl. o. S. 10). Neben den kritischen Zeichen ist das Wort »αδελφοι« ergänzt, das in 𝔓^{46} fehlt. Ziel der Ausgabe ist es also nicht, den »ältesten Text« wiederzugeben, wie er in der »ältesten Handschrift« vorliegt, sondern den ältesten Text zu rekonstruieren, auf den die gesamte Handschriftentradition zurückgeführt werden kann.

Kodex

In der Kopfzeile der abgebildeten Probeseite des 𝔓^{46} befinden sich die griechischen Zahlzeichen »ΛΗ«. Es handelt sich dabei um die Angabe der Seitenzahl, nämlich 38. Mit ganz wenigen Ausnahmen verwenden Handschriften des Neuen Testamentes die Buchform, den sogenannten Kodex. Dies stellt eine Besonderheit dar, da im antiken Buchwesen vor dem vierten Jahrhundert vor allem die Rolle verwendet wurde, um literarische Texte zu vertreiben. Beim Kodex werden wie beim modernen, gedruckten Buch mehrere Bögen aufeinandergelegt, zu sogenannten Lagen gefaltet und gebunden. Die Blätter sind beidseitig beschrieben. Bei der Rolle werden dagegen die einzelnen Blätter aneinandergeklebt (Papyrus) oder -genäht (Pergament), und es wird nur eine Seite des Materials für den Text genutzt.

Papyrus, Majuskel, Minuskel

Bei der Beschreibung der Handschriften wird im Nestle-Aland unterschieden zwischen Handschriften, die auf *Papyrus* geschrieben sind, und Handschriften, für die andere Materialien wie das aus Tierhäuten hergestellte *Pergament* oder später Papier verwendet wurden. Außerdem wird differenziert zwischen Handschriften, die nur in Großbuchstaben geschrieben sind, sogenannte *Majuskeln*, und solchen, die wie unsere Schreibschrift Groß- und Kleinbuchstaben verwenden, sogenannte *Minuskeln*. Es wird also einerseits nach Beschreibmaterial und andererseits nach Schrifttyp unterschieden.

Papyri sind im Apparat mit einem 𝔓 und einer hochgesetzten Zahl gekennzeichnet, z.B. $\mathfrak{P}^{1}$ $\mathfrak{P}^{13}$ $\mathfrak{P}^{46}$.

Majuskeln werden durch einen hebräischen, griechischen oder lateinischen Großbuchstaben gekennzeichnet oder durch eine Zahl, die mit einer Null beginnt, z.B. א B Ψ 0108.

Minuskeln sind als einfache Zahlen notiert, also ohne eine einleitende Null, gefolgt von einem Punkt, z.B. 33. 81. 323.

Ergebnis

Benutzer des Nestle-Aland sollten sich also bewusst sein, dass sich die Abstände zwischen den Wörtern, die Kapiteleinteilung, die Versangaben, die Absätze, Satzzeichen, Leerzeilen und die anderen Signale, die den griechischen Text strukturieren, in den ältesten Handschriften nicht finden, sondern von den Herausgebern der Ausgabe verantwortet sind. Übersetzungen und alternative Ausgaben des griechischen Textes weichen in diesen strukturellen Angaben durchaus voneinander ab. In der Regel wird man feststellen, dass der Nestle-Aland den Kommaregeln für die deutsche Sprache folgt, was englischsprachige Benutzer gelegentlich verwirrt.

Redaktionelle Elemente der Handschriften wie Seitenzahl, Zeilenumbruch, Akzentuierung und Verzeichnung von *nomina sacra* werden im

Nestle-Aland demgegenüber nicht wiedergegeben. Ebenso wurde die Orthografie vereinheitlicht und an den wissenschaftlichen Standard für altgriechische Texte angepasst. Eine Aussage über die genaue Schreibweise eines Wortes in einer bestimmten Handschrift lässt sich also anhand dieser Ausgabe nicht machen.

Matthäus 24,17-18

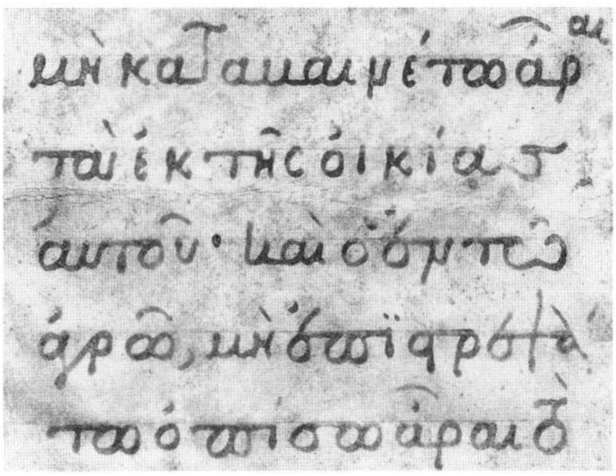

μη καταβαινετω αραι

τα εκ της οικιας

αυτου [18] και ο εν τω

αγρω μη επιστρεψα-

τω οπισω αραι το

Ausschnitt aus der Minuskelhandschrift (Lektionar) *l* 1372, 14. Jahrhundert
Abbildung mit freundlicher Genehmigung der American Bible Society, New York

Exkurs:
Für Benutzerinnen und Benutzer ohne Griechischkenntnisse

Auch zu der Zeit, in der die Schriften des Neuen Testamentes verfasst wurden, war Griechisch für viele Leserinnen und Leser eine Fremdsprache. Ähnlich wie Englisch im europäischen Raum heute diente die griechische Sprache zur internationalen Kommunikation in Verwaltung und Handel. Deshalb wurde auch ein großer Teil der Literatur, die im Römischen Reich kommerziell vertrieben wurde, in den ersten beiden Jahrhunderten unserer Zeitrechnung auf Griechisch verfasst.

Besonders für den Umgang mit dem Apparat des Nestle-Aland ist es nötig, sich mit dem griechischen Alphabet vertraut zu machen. Die folgenden Tabellen und Übungen sollen dazu beitragen, das Selbstvertrauen beim Lesen und Aussprechen griechischer Wörter zu stärken. Leserinnen und Leser, die diese Kenntnisse bereits anderweitig erworben haben, können diesen Abschnitt überspringen.

Es ist in der biblischen Exegese üblich, griechischen Text so auszusprechen, dass er von Kolleginnen und Kollegen der eigenen Sprachgruppe verstanden und transkribiert werden kann. So werden im deutschsprachigen Raum bei der Aussprache altgriechischer Wörter Umlaute verwendet, die im Englischen nicht zur Verfügung stehen. Andererseits spricht man im englischen Sprachraum das Theta wie das englische »th« aus, ein Laut, den es im Deutschen nicht gibt. Kurzum, Altgriechisch wird in jeder modernen Sprache anders ausgesprochen, und niemand erhebt den Anspruch, die ursprüngliche antike Aussprache wiederzugeben. Auch bemüht man sich nicht, den Text so wiederzugeben, wie er heute in Griechenland oder international in der griechisch-orthodoxen Liturgie ausgesprochen wird.

Das griechische Alphabet

Majuskel	Minuskel	Name	Aussprache
Α	α	Alpha	a, ah
Β	β	Beta	b
Γ	γ	Gamma	g
Δ	δ	Delta	d
Ε	ε	Epsilon	e (kurz)
Ζ	ζ	Zeta	ds, s
Η	η	Eta	äh (lang)
Θ	θ	Theta	t
Ι	ι	Iota	i oder ih (lang)
Κ	ϰ	Kappa	k
Λ	λ	Lambda	l
Μ	μ	My	m
Ν	ν	Ny	n
Ξ	ξ	Xi	ks
Ο	ο	Omikron	o
Π	π	Pi	p
Ρ	ϱ	Rho	r
Σ	σ	Sigma[1]	s
	ς	Schlusssigma[2]	s
Τ	τ	Tau	t

[1] Im Wortinneren geschrieben.

[2] Am Wortende geschrieben, z. B. Χϱιστος.

Majuskel	Minuskel	Name	Aussprache
Υ	υ	Ypsilon	y (ü)
Φ	φ	Phi	f (ph)
Χ	χ	Chi	ch (kh)
Ψ	ψ	Psi	ps
Ω	ω	Omega	oh

Konsonantenkombinationen

σχ	sch (nicht wie in *Schule*, sondern getrennt gesprochen wie in *Füßchen*)
γγ	ng (wie in *Enge*)
γκ	nk (wie in *Anker*)
γξ	nks
γχ	nch

Vokalkombinationen (Diphthonge)

αι	ai	
ᾳ	ah	
αυ	au	
ει	äi	
ευ	eu	(wie in *heute*)
ῃ	äh	
ηυ	äu	
οι	eu	(wie in *heute*)
ου	uh	
υι	üi	
ῳ	oh	

Akzente

´	Akut	Die Wortsilbe, die den Akzent erhält, wird betont
`	Gravis	
~	Zirkumflex	

Hauchzeichen

Vokale am Wortanfang erhalten ein Hauchzeichen (*spiritus*).

᾿	*spiritus lenis*	wird nicht ausgesprochen
῾	*spiritus asper*	wird als h gesprochen
ῥ		Ein Rho (Ρ, ϱ) am Wortanfang erhält immer einen *spiritus asper* (ῥ), wird aber wie r ausgesprochen

Leseübung

a) Betrachten Sie die auf S. 20 abgebildete Druckseite und schreiben Sie von Hand den griechischen Text der ersten vier Zeilen ohne Akzente und Hauchzeichen ab (1 Kor 16,21-24). → *Lösung*[3]

b) Betrachten Sie jedes Wort, das mit einem Vokal beginnt. Falls der Vokal mit einem *spiritus asper* ausgezeichnet ist, notieren Sie das Hauchzeichen, damit Sie beim Aussprechen nicht vergessen, das entsprechende Wort mit einem »h« zu beginnen. → *Lösung*

c) Unterstreichen Sie nun den jeweiligen Vokal oder Diphthong eines Wortes, der den Akzent trägt. Diese Silbe trägt bei der Aussprache die Betonung. → *Lösung*

d) Lesen Sie den Text laut. Vergewissern Sie sich anhand der Tabelle oben, dass Sie den Laut eines jeden Buchstabens korrekt wiedergeben. Kontrollfragen:
   - Ist der Unterschied zwischen Eta und Epsilon, zwischen Omikron und Omega hörbar?
   - Haben Sie den Diphthong ου erkannt und korrekt wiedergegeben?
   - Haben Sie den *spiritus asper* als »h« ausgesprochen?
   - Haben Sie in jedem Wort die Silbe mit dem Akzent betont?

   → *Lösung*

Schreibübung

a) Versuchen Sie, die folgenden Eigennamen anhand der Tabelle oben in griechischen Buchstaben zu schreiben, und kontrollieren Sie Ihr

---

[3] Die Lösungen zu dieser Frage sowie allen weiteren mit dem Hinweis → *Lösung* versehenen Fragen finden sich am Ende des Buches ab S. 67.

Ergebnis, indem Sie die entsprechende Bibelstelle nachschlagen: Abraham (Mt 1,1), Isaak und Jakob (Mt 1,2), Judas, Thamar und Aram (Mt 1,3), Ruth (Mt 1,5), Joseph und Jesus (Mt 1,16).

b) Schreiben Sie noch einmal den Beispieltext 1 Kor 16,21-24 von Hand ab. Lassen Sie die Akzente und Spiritus weg und schreiben Sie jeden Buchstaben als Großbuchstaben. → *Lösung*

3. Annäherung an das Novum Testamentum Graece: Betrachtung einer Druckseite

Die Druckseite, die das Ende des 1. und den Anfang des 2. Korintherbriefes umfasst, sieht folgendermaßen aus:

16,21–1,6 ΠΡΟΣ ΚΟΡΙΝΘΙΟΥΣ Β′ 554 → 1

G 6,11 Kol 4,18 2Th 3,17 Phm 19 | 12,3 G 1,8s Act 23,14 R 9,3 · 11,26 Ap 22,20 Ph 4,5! | R 16,20!

21 Ὁ ἀσπασμὸς τῇ ἐμῇ χειρὶ Παύλου. 22 εἴ τις οὐ φιλεῖ
τὸν κύριον, ἤτω ἀνάθεμα. ⸀μαράνα θά⸁. 23 ἡ χάρις τοῦ
κυρίου Ἰησοῦ ⸆ μεθ᾽ ὑμῶν. 24 ἡ ἀγάπη μου μετὰ πάντων
ὑμῶν ἐν Χριστῷ Ἰησοῦ. ⸆

→ 2

→ 3

ΠΡΟΣ ΚΟΡΙΝΘΙΟΥΣ Β′

1K 1,1! 1K 4,17! · 1K 1,2 9,2; 11,10 R 16,1 | R 1,7! E 1,3! 1P 1,3 11,31 R 15,6; 12,1; · 15,5 7,6 · 4,8! | 4,10! 1P 4,13 | 4,15

1 Παῦλος ἀπόστολος Χριστοῦ Ἰησοῦ διὰ θελήματος
θεοῦ καὶ Τιμόθεος ὁ ἀδελφὸς τῇ ἐκκλησίᾳ τοῦ θεοῦ τῇ
οὔσῃ ἐν Κορίνθῳ σὺν τοῖς ἁγίοις πᾶσιν τοῖς οὖσιν ἐν ὅλῃ
τῇ Ἀχαΐᾳ, 2 χάρις ὑμῖν καὶ εἰρήνη ἀπὸ θεοῦ πατρὸς ἡμῶν
καὶ κυρίου Ἰησοῦ Χριστοῦ.
3 Εὐλογητὸς ὁ θεὸς καὶ πατὴρ τοῦ κυρίου ἡμῶν Ἰησοῦ
Χριστοῦ, ὁ πατὴρ τῶν οἰκτιρμῶν καὶ θεὸς πάσης παρακλήσεως, 4 ὁ παρακαλῶν ἡμᾶς ἐπὶ πάσῃ τῇ θλίψει
ἡμῶν εἰς τὸ δύνασθαι ἡμᾶς παρακαλεῖν τοὺς ἐν πάσῃ
θλίψει διὰ τῆς παρακλήσεως ἧς παρακαλούμεθα ⸆ αὐτοὶ
ὑπὸ τοῦ θεοῦ. 5 ὅτι καθὼς περισσεύει τὰ παθήματα τοῦ
Χριστοῦ εἰς ἡμᾶς, οὕτως διὰ τοῦ Χριστοῦ περισσεύει καὶ
ἡ παράκλησις ἡμῶν. 6 εἴτε δὲ θλιβόμεθα, ὑπὲρ τῆς ὑμῶν
παρακλήσεως ⸀καὶ σωτηρίας· εἴτε παρακαλούμεθα,

1 → 4

22 ⸀μαραν αθα B^{2} D^{2} G^{*vid} K L Ψ 323. 365. 1505 vg^{cl} sy ¦ μαραναθα F G^{c} 0121. 0243. 81. 104. 630. 1175. 1241. 1739. 1881. 2464 𝔐 (*sine acc.* 𝔓^{46} א A B* C D* P 33) • **23** ⸆ Χριστου א^{2} A C D F G K L P Ψ 075. 0121. 0243. 81. 104. 365. 630. 1175. 1241. 1505. 1739. 1881. 2464 𝔐 it vg^{cl} sy bo; Ambst ¦ *txt* א* B 33 sa • **24** ⸆ αμην א A C D K L P Ψ 075. 104. 365. 1175. 1241. 1505. 1739^{c}. 2464 𝔐 lat sy^{h} bo; Pel ¦ γενεθητω γενεθητω G ¦ *txt* B F 0121. 0243. 33. 81. 630. 1739*. 1881 sy^{p} sa bo^{mss}; Ambst

¶ **1,4** ⸆ και D* F G lat • **6/7** ⸀και σωτηριας (– και σωτηριας B 33) της ενεργουμενης εν υπομονη των αυτων (– K) παθηματων ων (ως D$^{*.c}$ F G) και ημεις πασχομεν. και η ελπις ημων (υμων B 1241) βεβαια υπερ υμων· ειτε (+ ουν 33) παρακαλουμεθα υπερ της υμων παρακλησεως και σωτηριας B D$^{*.2.c}$ F G K L 0209. 33. 1241. 1505 𝔐 ar b (sy^{h}) ¦ της ενεργουμενης ... υπερ υμων 81. 630 ¦ *txt* א A C P Ψ 0121. 0243. 104. 365. (υπερ ημων 629. 1175). 1739. 1881. 2464 (𝔓^{46} 629) r vg (sy^{p}) co; Ambst

→ 5

1 Die Kopfzeile enthält innen – also bei ungeraden Seiten links und bei geraden Seiten rechts – die Seitenzahl, mittig den Titel der Schrift und außen Kapitel- und Versangaben des Textes, der auf der Seite abgedruckt ist.

2 Der griechische Text ist im Blocksatz in der Mitte der Seite wiedergegeben.

3 Am äußeren Rand sind Verweisstellen angegeben.

4 Am inneren Rand sind alternative Strukturierungssysteme, ähnlich den modernen Kapiteleinteilungen, verzeichnet, die sich in Teilen der handschriftlichen Tradition nachweisen lassen.

5 Und am unteren Rand findet man den Apparat, der Textabweichungen in den Handschriften verzeichnet.
Um den Apparat zu verstehen, ist es nötig, sich mit dem griechischen Alphabet vertraut zu machen, die häufigsten kritischen Zeichen zu kennen bzw. zu wissen, wo diese Zeichen in der Ausgabe erklärt sind und wo man Informationen zu den verzeichneten Zeugen findet.

Übungsaufgaben

a) Schlagen Sie die Seite auf, auf der Mk 10,46 abgedruckt ist, indem Sie beim Blättern von vorne nach hinten die Kopfzeilen überfliegen, bis Sie die Seiten erreichen, die mit »KATA MAPKON« überschrieben sind. Blättern Sie nun weiter, wobei Sie die Stellenangaben am oberen äußeren Rand betrachten, bis Sie die Stelle erreichen. In Mk 10,46 beginnt die Geschichte von der wunderbaren Heilung des blinden Bartimäus.
b) Identifizieren Sie die Angabe der Parallelstellen im äußeren Rand. Wo befindet sich dieselbe Geschichte im Matthäus- und Lukasevangelium? → *Lösung*
c) Identifizieren Sie den Beginn von Vers 46. Er ist durch die fett gedruckte Zahl **46** markiert.
d) Direkt auf die Verszahl folgt ein kritisches Zeichen, das wie ein kleines Quadrat aussieht (□) und die Wörter »Καὶ ἔρχονται εἰς Ἰεριχώ« (»Und sie gingen nach Jericho«) einleitet. Darauf folgt ein Schrägstrich nach rechts unten (\`). Diese Zeichen signalisieren, dass die vier griechischen Wörter in einigen Handschriften fehlen. Wandern Sie jetzt mit den Augen an den unteren Seitenrand und suchen Sie im Apparat die Stelle, an der die Anmerkungen zu Vers 46 beginnen. Dort wird das

kritische Zeichen (□) wiederholt. In welchen Textzeugen fehlen die vier griechischen Wörter? → *Lösung*

4. Der Aufbau der Ausgabe

Das *Novum Testamentum Graece* zerfällt in drei große Teile: die Einführung, den kritischen Text mit Apparat und die Anhänge. In der Regel finden sich Informationen zu Text und Apparat in der Einführung, Informationen zu den Textzeugen sowie weiterführende Informationen am Ende der Ausgabe in den Anhängen (Appendices).

Im Folgenden werden diese drei Teile vorgestellt.

4.1 Einführung und Hauptteil mit Text und Apparat

Kritische Zeichen

Grundsätzlich gilt: Vergleicht man zwei Formen eines Textes, so lassen sich Unterschiede mithilfe von drei Kriterien beschreiben: Auslassungen, Hinzufügungen und Umstellungen. Benutzerinnen und Benutzer einer kritischen Textausgabe müssen deshalb die Zeichen kennen, die diese drei Unterschiede anzeigen. Die folgenden Zeichen werden dazu im Apparat des Nestle-Aland verwendet:

Auslassungen

° Das folgende Wort fehlt. Merkhilfe: Das kritische Zeichen sieht aus wie ein kleines »o« für »omittere«, Lateinisch für »weglassen«.

□...⸌ Mehrere Wörter fehlen. Anfang und Ende der Auslassung sind markiert.

Hinzufügungen

⸆ An dieser Stelle sind ein oder mehrere Wörter hinzugefügt. Merkhilfe: Das Symbol sieht aus wie der untere Teil eine Pluszeichens »+«.

Ersatz

Wird ein Text durch einen anderen Text ersetzt, handelt es sich eigentlich um eine Auslassung und eine Hinzufügung. Gelegentlich wird das auch so notiert; meist ist es aber platzsparender, solche Varianten als Ersatz zu markieren.

⸀ Das folgende Wort ist durch ein anderes Wort ersetzt.
⸂...⸃ Mehrere Wörter sind ersetzt.

Umstellungen
⸉...⸊ Mehrere Wörter sind umgestellt. Anfang und Ende der Umstellung sind markiert.

Übungsaufgaben

a) Erzeugen Sie einen Apparat, indem Sie den Text der Lutherbibel zu Judas 1-2 mit dem Text der Einheitsübersetzung vergleichen und die Unterschiede mithilfe der gerade aufgeführten kritischen Zeichen des Nestle-Aland beschreiben. Achten Sie dabei auf Folgendes: (a) Falls Sie dasselbe Zeichen mehr als einmal verwenden, ergänzen Sie eine Zahl hinter dem kritischen Zeichen, z. B. bei der ersten Auslassung °, wenn zum zweiten Mal ein fehlendes Wort angezeigt wird: °1, beim nächsten Mal °2 usw. (b) Trennen Sie die einzelnen Einträge im Apparat mit einem Strich: |. Für diese Übung bezeichnen Sie die Einheitsübersetzung mit dem Sigel »E«. Differenzen in der Interpunktion brauchen Sie dabei nicht zu beachten.

Lutherbibel
Judas, ein Knecht Jesu Christi und Bruder des Jakobus, an die Berufenen, die geliebt sind in Gott, dem Vater, und bewahrt für Jesus Christus: Gott gebe euch viel Barmherzigkeit und Frieden und Liebe!

Einheitsübersetzung
Judas, Knecht Jesu Christi, Bruder des Jakobus, an die Berufenen, die von Gott, dem Vater, geliebt und für Jesus Christus bestimmt und bewahrt sind. Erbarmen, Frieden und Liebe seien mit euch in Fülle. → *Lösung*

b) Im Folgenden wurde auf gleiche Weise die Zürcher Bibel (Z) mit der Lutherbibel verglichen. Rekonstruieren Sie anhand des Apparates den Wortlaut der Zürcher Bibel.
Text:
Judas, °ein Knecht Jesu Christi und Bruder des Jakobus, an die Berufenen, die ⸂geliebt sind in Gott, dem Vater,⸃ und °1bewahrt für Jesus Christus⸆: ⸋Gott gebe euch viel⸌ Barmherzigkeit⸆1 und Frieden und Liebe⸆2!
Apparat:
°Z | ⸂in Gott, dem Vater, geliebt Z | °1Z | ⸆bewahrt sind Z | ⸋Z | ⸆1sei mit euch Z | ⸆2in Fülle Z → *Lösung*

c) Kombinieren Sie nun beide Apparate. Wenn die Einheitsübersetzung und die Zürcher Bibel an derselben Stelle der Lutherbibel zwei unterschiedliche Varianten verzeichnen, trennen Sie diese beiden Varianten wie in NA28 durch das Zeichen: ¦. → *Lösung*

Struktur der Einträge im Apparat

Die Einträge im Apparat folgen der traditionellen Verseinteilung.

- • Der Beginn eines Verses wird mit einem fetten Punkt, der in der Mitte der Zeile steht, und einer fett ausgezeichneten Zahl gekennzeichnet. Vergleichen Sie dazu den Eintrag auf der Bespielseite oben zu 1 Kor 16,23: **• 23**.
- ...|... Enthält ein Vers mehrere Einträge, d. h. beispielsweise eine Einfügung und an anderer Stelle eine Streichung, so sind die Einträge im Apparat durch einen senkrechten Strich voneinander getrennt.
- ...¦... Ist an einer Stelle mehr als eine Variante verzeichnet, so sind die Einträge durch einen unterbrochenen senkrechten Strich voneinander getrennt, vgl. 1 Kor 16,22.23.24.
- ¦ *txt* Dieses Zeichen am Ende eines Eintrags leitet die Aufzählung derjenigen Textzeugen ein, die den Text so enthalten, wie er in der Textzeile abgedruckt ist.

Reihenfolge der Textzeugen im Apparat

Die Zeugen, die eine Variante belegen, sind im Apparat immer in derselben Reihenfolge angeführt.

(1) Begonnen wird mit der Verzeichnung der griechischen Handschriften. Sie sind in die drei oben genannten Kategorien gegliedert: Papyri, Majuskeln und Minuskeln.

a. Zuerst werden die relevanten Papyri aufgeführt. Sie sind im Apparat mit einem 𝔓 und einer hochgestellten Zahl gekennzeichnet, z. B. $\mathfrak{P}^{1}$ $\mathfrak{P}^{13}$ $\mathfrak{P}^{46}$.
b. Dann werden Majuskelhandschriften verzeichnet. Majuskeln werden durch einen hebräischen, griechischen oder lateinischen Großbuchstaben gekennzeichnet, oder aber durch eine Zahl, die mit einer Null beginnt, z. B. א B Ψ 0108.
c. Und schließlich sind die Minuskeln angegeben. Minuskeln sind als einfache Zahlen notiert, also ohne eine einleitende Null, gefolgt von einem Punkt, z. B. 33. 81. 323.

(2) Auf die griechischen Handschriften folgen frühe Übersetzungen wie das Lateinische, Syrische oder Koptische (siehe dazu u. S. 42 f.).
(3) Abgeschlossen wird der Eintrag mit Angaben zu frühen Zitaten der Textstelle bei sogenannten »Kirchenvätern« (siehe dazu u. S. 43 f.), denen ein Semikolon vorausgeht.

Übungsaufgabe

d) Im Eintrag zu Apg 1,10 findet sich folgende Reihe von Zeugen: »$\mathfrak{P}^{56c}$ א A B C* Ψ 81. 323. 945. 1175 lat; Eus«. Betrachten Sie jeden einzelnen Textzeugen und identifizieren Sie ihn als Minuskel, Majuskel, Papyrus, Übersetzung oder Zitat. → *Lösung*

4.2 Anhänge

Griechische Handschriften (Appendix I, A: Codices Graeci)

Dieser Anhang liefert in seinem ersten Teil Informationen zu den griechischen Handschriften, die in NA28 miteinander verglichen wurden (zum zweiten Teil von Appendix I siehe u. S. 46 f.). Die Angaben sind in einer Tabelle dargestellt und in vier Spalten gegliedert.

Erste Spalte

Die Kurzbezeichnung der jeweiligen Handschrift, die im Apparat der Ausgabe verwendet wird (das sogenannte »Sigel«), ist in der ersten Spalte aufgeführt (*ms. nr.*). Zunächst sind die für die Ausgabe verglichenen Papyri aufgezählt, gefolgt von den Majuskeln, Minuskeln und Lektionaren.

Wie wir bereits bei der Beschreibung des Apparates beobachtet haben, werden manche Majuskeln im Apparat nur mit einem Großbuchstaben bezeichnet. Diese Buchstaben wurden vergeben, als nur eine kleine Zahl von Handschriften bekannt war und die Buchstaben des Alphabets für eine eindeutige Kennzeichnung ausreichten; heute ist jeder Majuskel eine Nummer zugeteilt. Diese Nummer, die immer mit einer Null beginnt, ist in der ersten Spalte der Tabelle neben dem traditionellen Großbuchstaben aufgeführt.

Ein Sternchen »*« bedeutet, dass die Herausgeber die Varianten dieser Handschrift an jeder Stelle berücksichtigen, an der ein Eintrag im Apparat besteht. Damit drücken sie aus, dass sie diesen Textzeugen für besonders wichtig halten, um die Textgeschichte des Neuen Testamentes zu beschreiben.

*$\mathfrak{P}^{126}$	IV	Firenze, Ist. Pap. «G. Vitelli», PSI inv. 2176	H 13,12-13.19-20
*$\mathfrak{P}^{127}$	V	Oxford, Ashmolean Mus.; P.Oxy. 4968	Act 10,32-35.40-45; 11,2-5; 11,30–12,3.5.7-9; 15,29-30.34-41; 16,1-4.13-40; 17,1-10
*א 01	IV	London, Brit. Libr., Add. 43725	eapr
*A 02	V	London, Brit. Libr., Royal 1 D. VIII	eapr (vac. Mt 1,1–25,6; J 6,50–8,52; 2K 4,14–12,6)
*B 03	IV	Città del Vaticano, Bibl. Vat., Vat. gr. 1209	eap (vac. 1T–Phm; H 9,14-fin.)
*C 04	V	Paris, Bibl. Nat., Gr. 9	eapr (vac. Mt 1,1-2; 5,15–7,5; 17,26–18,28; 22,21–23,17; 24,10-45; 25,30–26,22; 27,11-46; 28,15-fin.; Mc 1,1-17; 6,32–8,5; 12,30–13,19; L 1,1-2; 2,5-42; 3,21–4,25; 6,4-36; 7,17–8,28; 12,4–19,42; 20,28–21,20; 22,19–23,25; 24,7-45; J 1,1-3; 1,41–3,33; 5,17–6,38; 7,3–8,34; 9,11–11,7; 11,47–13,7; 14,8–16,21; 18,36–20,25; Act 1,1-2; 4,3–5,34; 6,8; 10,43–13,1; 16,37–20,10; 21,31–22,20; 23,18–24,15; 26,19–27,16; 28,5-fin.; R 1,1-2; 2,5–3,21; 9,6–10,15; 11,31–13,10; 1K 1,1-2; 7,18–9,6; 13,8–15,40; 2K 1,1-2; 10,8-fin.; G 1,1-20; E 1,1–2,18; 4,17-fin.; Ph 1,1-22; 3,5-fin.; Kol 1,1-2; 1Th 1,1; 2,9-fin.; 2Th; 1T 1,1–3,9; 5,20-fin.; 2T 1,1-2; Tt 1,1-2; Phm 1-2; H 1,1–2,4; 7,26–9,15; 10,24–12,15; Jc 1,1-2; 4,2-fin.; 1P 1,1-2; 4,5-fin.; 2P 1,1; 1J 1,1-2; 4,3-fin.; 2J; 3J 1-2; Jd 1-2; Ap 1,1-2; 3,20–5,14; 7,14-17; 8,5–9,16; 10,10–11,3; 16,13–18,2; 19,5-fin.)
*D 05	V	Cambridge, Univ. Libr., Nn. 2. 41	ea (vac. Mt 1,1-20; 6,20–9,2; 27,2-12; J 1,16–3,26; Act 8,29–10,14; 21,2-10.16-18; 22,10-20.29-fin.; Jc–Jd [Mt 3,7-16; Mc 16,15-20; J 18,14–20,13 suppl.])
*D 06	VI	Paris, Bibl. Nat., Gr. 107 AB	p (vac. R 1,1-6; [1,27-30; 1K 14,13-22 suppl.])
E 07	VIII	Basel, Univ. Bibl., AN III 12	e†
*E 08	VI	Oxford, Bodl. Libr., Laud. Gr. 35	a (vac. Act 26,29–28,26; Jc–Jd)
*F 010	IX	Cambridge, Trin. Coll., B. XVII. 1	p (vac. R 1,2–3,18; 1K 3,8-15; 6,7-14; Kol 2,1-8; Phm 21-fin.; H)

Appendix I, A: Codices Graeci (799)

Spalten zwei und drei

Die zweite Spalte (*saec.* = *saeculum*, Jahrhundert) vermittelt einen Einblick in die Datierung der Handschrift. Diese Angaben dienen nur zur ersten Orientierung und sind manchmal sehr umstritten.

Die dritte Spalte (*bibliotheca*) nennt den Ort und die Institution, in der die Handschrift zur Zeit der Drucklegung von NA28 aufbewahrt war. Außerdem wird die Signatur angegeben, unter der sie in der jeweiligen Bibliothek geführt wird.

Der Eintrag zu 058, »Wien, Österr. Nat. Bibl., Pap. G. 39782«, besagt beispielsweise, dass diese Handschrift in Wien aufbewahrt ist und dass sie in der Österreichischen Nationalbibliothek unter der Signatur Pap. G. 39782 geführt wird.

Spalte vier

Die vierte Spalte (*cont.* = *continet*, enhält) beschreibt, welche Texte in der jeweiligen Handschrift belegt sind. Oft ist der Inhalt nur mit einem Kleinbuchstaben beschrieben: e, a, p oder r, die die vier Teile bezeichnen, in denen das Neue Testament handschriftlich überliefert wurde.

Die meisten modernen Druckausgaben des griechischen Neuen Testamentes beginnen mit den vier Evangelien, gefolgt von der Apostelgeschichte, den Briefen des Apostels Paulus, der Katholischen Briefsammlung und enden mit der Offenbarung des Johannes. Die Mehrheit der Handschriften unterteilt die 27 Schriften des Neuen Testamentes demgegenüber in vier Sammlungseinheiten. Man kann sich das Neue Testament also vorstellen wie ein umfangreiches Werk, das aus vier Bänden besteht. Die meisten Abschriften umfassen nur einen Band, manchmal sind mehrere zusammengebunden, aber nur selten sind alle 27 Schriften in einer einzigen Handschrift enthalten. Aus diesem Grund ist es den Herausgebern des Nestle-Aland möglich, den ursprünglichen Umfang einer Handschrift mit vier Kleinbuchstaben zu beschreiben.

e Vier Evangelien.

p Paulusbriefsammlung. Sie besteht aus 14 Briefen, auch der Hebräerbrief ist im Rahmen der Paulusbriefe überliefert.

a Apostelgeschichte und Katholische Briefe. Dass man Apostelgeschichte und Katholische Briefe mit einem gemeinsamen Buchstaben bezeichnen kann, mag verwundern, da in unseren modernen Bibelausgaben die Paulusbriefsammlung auf die Apostelgeschichte folgt. Die vier ältesten Zeugen, die ursprünglich alle Schriften des Neuen Testamentes enthielten (א, A, B, C; siehe unten S. 28 f.), haben allerdings die Apostelgeschichte und Katholischen Briefe zu einer Sammlungseinheit zusammengefasst. Und auch spätere Handschriften, in denen die Paulusbriefe auf die Apostelgeschichte folgen, enthalten so gut wie immer auch die Katholischen Briefe. Dieser Befund lässt sich so erklären, dass die Bearbeiter und Herausgeber byzantinischer Bibelausgaben die Paulusbriefsammlung zwischen Apostelgeschichte und Katholischer Briefsammlung eingeordnet haben. Diese Reihenfolge wurde im 16. Jahrhundert von den wichtigen Druckausgaben übernommen und fand sich deshalb auch schon in der ersten Nestle-Ausgabe.

r Offenbarung des Johannes (*revelatio*).

Die Angabe zur Handschrift 221 »ap« bedeutet also, dass diese Minuskel die Apostelgeschichte, die Katholischen Briefe und die Paulusbriefsammlung enthält. Über die genaue Reihenfolge der Teile machen die Herausgeber mit dieser Kurzbeschreibung allerdings keine Aussage. Es kann also aus »ap« nicht erschlossen werden, ob die Paulusbriefsammlung diese Handschrift einleitet, oder ob sie auf die Apostelgeschichte folgt, oder ob sie am Ende geboten wird.

Viele Handschriften sind nur fragmentarisch erhalten. Es ist daher oft übersichtlicher anzugeben, welche Texte fehlen, statt alle erhaltenen Texte aufzuzählen. Fehlender Text wird durch folgendes Sigel angezeigt: *vac.* = *vacat*, es fehlt. So bedeutet also die Angabe zur Majuskel Δ 037 »e (vac. J 19,17-35)«, dass diese Handschrift die vier Evangelien enthält (e), lediglich der Text zu Joh 19,17-35 fehlt.

Bei stärker fragmentierten Handschriften wird auch häufig auf die Abkürzungen e a p r ganz verzichtet und stattdessen werden diejenigen Teile benannt, die von der Handschrift erhalten sind.

Die vier ältesten Zeugen des gesamten Neuen Testamentes

Vier Handschriften des Neuen Testamentes sind für die Rekonstruktion des kritischen Textes, der im Nestle-Aland geboten wird, besonders wichtig und sollten von Benutzerinnen und Benutzern benannt werden können. Es handelt sich dabei um Majuskelhandschriften, die üblicherweise in das vierte und fünfte Jahrhundert datiert werden. Neben den Schriften des Neuen Testamentes enthielten alle vier Handschriften von Anfang an auch Abschriften des griechischen Alten Testamentes. Damit repräsentieren sie die ältesten erhaltenen Ausgaben nicht nur des Neuen Testamentes, sondern der gesamten christlichen Bibel.

א 01 (4. Jh.): Nach ihrem Fundort im Katharinenkloster am Berg Sinai wird die Handschrift in der Fachliteratur als *Codex Sinaiticus* bezeichnet. Sie ist heute größtenteils in der British Library in London aufbewahrt.

A 02 (5. Jh.): Sie ist ebenfalls in der British Library in London aufbewahrt. Da sie 1627 als Geschenk des Patriarchen Kyrillos Loukaris an den englischen König Karl I. aus Alexandrien nach England kam, wird sie als *Codex Alexandrinus* bezeichnet.

B 03 (4. Jh.): Sie befindet sich in der Vatikanischen Apostolischen Bibliothek in Rom und wird deshalb in der Literatur meist nur *Codex Vaticanus* genannt.

C 04: Sie liegt heute in der Nationalbibliothek in Paris. Es handelt sich dabei um umfangreiche Fragmente einer Bibelhandschrift aus dem fünften Jahrhundert, deren Seiten im Mittelalter abgewaschen und mit Traktaten des syrischen Kirchenschriftstellers Ephräm neu beschrieben wurden. Die Handschrift wird deshalb als *Codex Ephraemi rescriptus* bezeichnet.

Übungsaufgaben

a) Die oben abgedruckte Probeseite (799) beschreibt den Inhalt der Handschrift B (03) folgendermaßen: eap (vac. 1T–Phm; H 9,14-fin.). Welche Schriften fehlen in der Handschrift B (03)? → *Lösung*

b) Auf der abgedruckten Probeseite werden zwei verschiedene Handschriften mit dem Sigel »D« bezeichnet und zwei Handschriften als »E« geführt. Ebenso gibt es drei Handschriften H (013, 014, 015), zwei K (017, 018), zwei L (019, 020) und zwei P (024, 025). Es handelt sich dabei um völlig verschiedene Handschriften, die nicht miteinander verwandt sind. Die Handschrift D, deren Variante in Apg 1,1 notiert ist, ist also eine andere Handschrift als die Handschrift D, deren Varianten Röm 1,8 notiert sind. Warum ist der Verweis trotzdem eindeutig? Warum ist es den Herausgebern möglich, im Apparat zwei gleiche Großbuchstaben für zwei verschiedene Majuskeln zu vergeben, ohne die Eindeutigkeit der Verweise aufzuheben? → *Lösung*

c) Schlagen Sie die Angaben zur Handschrift 036 auf. Lösen Sie die Kürzel auf und beschreiben Sie den Inhalt aller vier Spalten in ganzen Sätzen. → *Lösung*

Abkürzungsverzeichnis

Von den weiteren Anhängen ist das Abkürzungsverzeichnis (Appendix IV: Signa et Abbreviationes, 879–890) besonders nützlich. Es stellt nochmals Sigel und Abkürzungen zusammen und ist vollständiger als in den vorhergehenden Auflagen des Nestle-Aland. Zum ersten Mal enthält es nun neben der lateinischen Auflösung auch kurze deutsche und englische Erläuterungen. Benutzerinnen und Benutzer ohne Lateinkenntnisse werden besonders vom letzten Teil dieses Anhanges (»Weitere Abkürzungen und lateinische Wörter«, 885) profitieren. Das Verzeichnis kann allerdings nicht die Lektüre der *Einführung* ersetzen, in der ausführlichere Erläuterungen zu diesen Sigeln und Abkürzungen zu finden sind.

Übungsaufgaben

d) Schlagen Sie im Abkürzungsverzeichnis den Eintrag »sy^{hmg}« nach. Wo wird die Abkürzung in der Einführung erklärt? → *Lösung*

e) Schlagen Sie im Abkürzungsverzeichnis den Eintrag »v. l.« nach. Wo wird die Abkürzung in der Einführung erklärt? → *Lösung*

Landkarten

Auf den Innenseiten der Buchdeckel sind farbige Landkarten abgedruckt. Die Karten vorne liefern einen geografischen Überblick über Palästina zur Zeit des Alten und des Neuen Testamentes. Die letzten beiden Seiten bieten eine Überblickskarte zum Nahen Osten zur Zeit des Alten Testamentes und eine Karte des Mittelmeerraumes, die die Reisen des Apostels Paulus verzeichnet, wie sie sich aus den Erzählungen der Apostelgeschichte ergeben.

5. Die Bewertung der Varianten

Die Herausgeber von NA28 sahen ihre Aufgabe darin, aus den vielen verschiedenen Varianten einer Textstelle die Lesart zu identifizieren, aus der alle anderen entstanden sind. In NA28 wird diese Lesart als »Ausgangstext« bezeichnet. Dieser Text kommt in die Textzeile und alle daraus entstandenen Lesarten finden sich im Apparat. Warum allerdings eine bestimmte Lesart in den Apparat gesetzt wird, eine andere Lesart aber in die Textzeile aufgenommen wurde, wird im Einzelfall nicht erklärt. Dies würde den Umfang einer Handausgabe sprengen.

Für Benutzerinnen und Benutzer der Ausgabe, die sich erstmals mit textkritischen Fragen auseinandersetzen, sei deshalb an dieser Stelle auf zwei traditionelle Faustregeln hingewiesen, die die Arbeit der Herausgeber verständlicher machen können. Es sei aber betont, dass diese Ausführungen nur eine erste Orientierung bieten. Die Methode, die die Herausgeber für ihre Entscheidungen in den letzten Jahren im Rahmen der *Editio Critica Maior* entwickelt haben, die sogenannte »Kohärenzmethode«, ist viel komplexer (siehe dazu u. S. 61 f.).

Die kürzere Lesart ist vorzuziehen (lectio brevior)

Die handschriftliche Überlieferung neigt zu sogenannten *Konflationen*. Wenn zwei Varianten zu einer Textstelle bekannt waren, werden in der

Überlieferung oft beide Lesarten kombiniert. Häufig werden die beiden Varianten lediglich mit einem »und« verbunden, wie Sie im folgenden Beispiel sehen werden.

So wird am Ende des Lukasevangeliums erzählt, dass die Jünger nach Jerusalem zurückkehrten, in den Tempel gingen und Gott »priesen«. Das griechische Wort an dieser Stelle lautet ευλογουντες. Einige Handschriften bieten aber statt ευλογουντες ein Synonym: αινουντες. Schreiber, die auf beide Traditionen stießen, neigten dazu, beide Ausdrücke mit einem »und« zu kombinieren. So enthalten die Mehrheit aller Abschriften die Lesart: αινουντες και ευλογουντες. Die Lutherbibel von 1545 beruht auf Handschriften mit dieser kombinierten Lesart und übersetzt die Stelle als: die Jünger »priesen und lobten«.

Ein anderes Beispiel findet sich in der Liste der zwölf Jünger, wie sie im Matthäusevangelium überliefert ist. Der zehnte Jünger wird in Mt 10,3 in einem Teil der Überlieferung Thaddäus (Θαδδαιος) genannt, in einem anderen Teil Lebbäus (Λεββαιος). In diesem Falle lassen sich die Namen nicht einfach durch ein »und« miteinander verbinden, da die Liste sonst dreizehn statt zwölf Jünger enthalten würde. Die im Apparat von NA28 aufgezählten kreativen Lösungen in den Handschriften lauten: Lebbäus, der auch Thaddäus genannt wird (Λ. ο επικληθεις Θ.), Thaddäus, der auch Lebbäus genannt wird (Θ. ο επικληθεις Λ.), oder einfach Lebbäus, der auch Thaddäus ist (Λ. ο και Θ.). Die Lutherbibel von 1545 übersetzt die Lesart elegant als »Lebbäus, mit dem Zunamen Thaddäus«.

Die Regel, dass bei Konflationen nur eine der einfachen Lesarten den Ausgangstext repräsentiert, wird in Anlehnung an ihre lateinische Formulierung – *lectio brevior potior*, die kürzere Lesart ist vorzuziehen – als *lectio brevior* bezeichnet.

Konflationen sind übrigens keine Besonderheit von Bibelhandschriften, sondern allgemein in der handschriftlichen Überlieferung antiker Texte zu beobachten. Es handelt sich dabei wohl um eine bewährte Strategie, abweichende Lesarten für die Nachwelt zu bewahren. In gewisser Weise verfolgen die Herausgeber des Nestle-Aland dasselbe Ziel, sie stellen nicht nur einen kritischen Text zur Verfügung, sondern dokumentieren im Apparat auch weitere überlieferte Lesarten.

Welche der kombinierten Lesarten die ältere ist, muss die *lectio brevior* allerdings offenlassen. Für diese Entscheidung ist oft die zweite Faustregel hilfreich.

Die schwierigere Lesart ist vorzuziehen (lectio difficilior)

Wenn moderne Bibelübersetzungen revidiert werden, ist eine der Zielsetzungen, die Sprache den veränderten Sprachgewohnheiten anzupassen. Ausdrücke, Formulierungen und Satzstrukturen, die vom Zielpublikum als veraltet empfunden werden, werden durch gängige ersetzt. Beispielsweise ändert sich im Laufe der Zeit manchmal die positive oder negative Wertung eines Begriffes. So trägt das Wort »Weib«, das im 16. Jahrhundert beschreibend verwendet werden konnte, heute eine negative Konnotation und wird deshalb in der Regel durch »Frau« ersetzt. Da Griechisch auch zur Zeit der handschriftlichen Überlieferung eine lebende Sprache war, haben sich antike und mittelalterliche Bearbeiter von Handschriften gelegentlich die Freiheit genommen, veraltete Begriffe und Satzstrukturen durch gängige zu ersetzen.

Aus dieser Beobachtung, die ganz allgemein für die handschriftliche Überlieferung antiker Texte gilt, ist die zweite Faustregel abgeleitet: Bei konkurrierenden Lesarten, bei denen eine Lesart das Verständnis des Textes erschwert, andere Lesarten das Verständnis erleichtern, ist die schwierigere Lesart vorzuziehen. Die lateinische Formulierung dieser Regel lautet *lectio difficilior potior*.

Missverständnisse

Es wäre ein grobes Missverständnis, die *lectio brevior*-Regel so zu interpretieren, als ginge es darum, die Länge einer Lesart zu bestimmen, indem man die Buchstaben zählt, und dann diejenige Lesart vorzuziehen, die ein wenig kürzer ist. Die *lectio brevior*-Regel lässt sich nur anwenden, wenn zwei oder mehrere konkurrierende Lesarten vorliegen, die nur oberflächlich miteinander verbunden sind. Im Idealfall sind die Einzellesarten, die in der Konflation verbunden wurden, in der Überlieferung dokumentiert, sie können aber auch verloren sein.

Bei redaktionellen Ergänzungen, die sich in der handschriftlichen Überlieferung durchaus nachweisen lassen (z. B. am Ende des Markusevangeliums nach Mk 16,8 und am Ende des Römerbriefes nach Röm 16,23), ist der erweiterte Text der besser verständliche Text, und daher findet hier streng genommen die *lectio difficilior*-Regel Anwendung.

Was die Qualität eines Textes betrifft, sollte man sich klarmachen, dass das hohe Alter einer Handschrift nicht unbedingt bedeutet, dass ihre Varianten dem Ausgangstext besonders nahe stehen. Es kommt durchaus vor, dass sich die ältesten Handschriften nur erhalten haben, weil sie fehlerhaft waren und deshalb von ihren Besitzern entsorgt wurden. Viele der erhaltenen Papyri stammen von antiken Müllhalden. Schon in der ersten Kopie können durchaus grobe Abschreibfehler auftreten.

Es ist für die Nähe eines Textes zur Erstausgabe auch nicht wichtig, ob die Handschrift in Majuskeln oder Minuskeln geschrieben ist oder ob sie Papyrus oder Leder als Beschreibmaterial verwendet. Man kann sich das anhand einer gedruckten Ausgabe des Neuen Testamentes bewusst machen: Die 28. Auflage des *Novum Testamentum Graece* ist auf Papier gedruckt, ist im 21. Jahrhundert erschienen und in Groß- und Kleinbuchstaben gesetzt. Und trotzdem erheben seine Herausgeber den Anspruch, dass die 28. Auflage des *Novum Testamentum Graece* den Text der ersten Ausgabe des Neuen Testamentes besser wiedergibt als jede erhaltene Handschrift oder jede ältere Druckausgabe, einschließlich der 27. Auflage.

6. Einige Fragen zum Schluss

Bevor Sie zum nächsten Teil übergehen, sollten Sie sicher gehen, dass Sie folgende Fragen beantworten können.

a) In welcher Reihenfolge sind die Textzeugen im Apparat aufgezählt? → *Lösung*
b) Wo werden in NA28 die Abkürzungen erklärt, die im Apparat verwendet werden? → *Lösung*
c) Wo findet man in der Ausgabe Informationen zu den griechischen Handschriften? → *Lösung*
d) Benennen Sie die vier ältesten erhaltenen Majuskelhandschriften, die ursprünglich das gesamte griechische Alte und Neue Testament enthielten. In welches Jahrhundert werden sie datiert? Wo werden sie heute aufbewahrt? → *Lösung*

II. Übungen und Verständnishilfen

In diesem zweiten Teil ist an Benutzerinnen und Benutzer gedacht, die Texte aus dem Neuen Testament mithilfe der gängigen Hilfsmittel selbstständig übersetzen können. Ziel dieses Abschnittes ist es, die Grundkenntnisse zu vertiefen und anhand von Verständnisfragen und Übungsaufgaben die Fertigkeiten im Umgang mit der Ausgabe zu entwickeln, die z. B. beim theologischen Examen an deutschen Hochschulen erwartet werden.

Der erste und wichtigste Schritt besteht darin, sich mit der Einführung der Herausgeber vertraut zu machen.

1. Fragen zur Einleitung der Ausgabe

Die folgenden Fragen sollen dabei helfen, die Fülle von Information zu erschließen, die im Vorwort (v–vi) und in der Einführung der Herausgeber (1*–45*) vermittelt wird. Es wird empfohlen, den in den folgenden Zwischenüberschriften genannten Text in NA28 jeweils zunächst durcharbeiten. Die Fragen sind so formuliert, dass sie aus dem Text der Einführung beantwortet werden können. Am Ende jeder Frage wird auf die Seite verwiesen, auf die sich die Verständnisfrage bezieht. Zusätzlich werden die korrekten Antworten im Lösungsteil wiederholt.

Vorwort (v–vi)

a) NA28 stellt eine Neubearbeitung der 27. Auflage dar. Allerdings haben die Herausgeber für die meisten Schriften den Text der 27. Auflage unverändert übernommen. Welcher Teil wurde neu konzipiert? [v]. → *Lösung*

b) Wurde der Verweisstellenapparat für die gesamte Ausgabe neu durchgesehen oder wurde er nur für einen Teil der Ausgabe überarbeitet? [vi] → *Lösung*

Zur Geschichte der Ausgabe: Die 28. Auflage (3*–9*)

a) Welche redaktionellen Ziele wurden bei der Überarbeitung des Apparates verfolgt? [3*] → *Lösung*
b) Warum haben die Herausgeber den Text der Katholischen Briefe verändert? [3*] → *Lösung*
c) An wie vielen Stellen wurde der Text innerhalb der Katholischen Briefe gegenüber der 27. Auflage verändert? [6*] → *Lösung*
d) Innerhalb der Katholischen Briefe kommt der Rhombus als kritisches Zeichen zum Einsatz. Was wird mit diesem Zeichen angezeigt? [7*] → *Lösung*
e) Das Sigel 𝔐, das zur Kennzeichnung des »Mehrheitstextes« im Apparat eingesetzt wird, findet in den Katholischen Briefen keine Verwendung. Stattdessen wird ein Sigel neu eingeführt, das die Editionsgeschichte des Neuen Testamentes präziser beschreibt. Wie lautet dieses Sigel? [8*] → *Lösung*

Der Text der Ausgabe (9*–10*)

a) Die Herausgeber bezeichnen den Text der Ausgabe als »eklektischen Text«. Wie wird ein solcher Text rekonstruiert? [9*] → *Lösung*
b) Um unter mehreren Lesarten die ältere Lesart zu finden, können »innere« und »äußere« Kriterien angewendet werden. Welche relevanten inneren und äußeren Kriterien werden von den Herausgebern genannt? [9*] → *Lösung*
c) Wie lautet der Fachbegriff für die Methode, die die Herausgeber bei den Katholischen Briefen eingesetzt haben, um die äußeren Kriterien zu verfeinern? [9*] → *Lösung*
d) Was zeigen eckige Klammern [...] an, und warum werden sie nicht innerhalb der Katholischen Briefe verwendet? [10*] → *Lösung*
e) Was zeigen doppelte eckige Klammern an ⟦...⟧? [10*] → *Lösung*
f) Wie werden alttestamentliche Zitate gekennzeichnet? [10*] → *Lösung*

Der kritische Apparat (11*–38*)

a) Worin unterscheidet sich ein »positiver« Apparat von einem »negativen« Apparat in dieser Ausgabe? [11*] → *Lösung*
b) Was wird mit einem hochgestellten Doppelpunkt »⁚« angezeigt? [13*] → *Lösung*
c) Wie werden »Umsetzungen« im Gegensatz zu Umstellungen angezeigt? [13*] → *Lösung*

d) Welche Funktion hat der fett gedruckte Punkt »**•**«? [13*] → *Lösung*

e) Wo sind die Lesarten der griechischen Zeugen beschrieben, die in Klammern (...) zitiert sind? [14*] → *Lösung*

f) Welche Art Varianten werden im Apparat in eckigen Klammern [...] notiert? [14*] → *Lösung*

g) Die alten Übersetzungen, sogenannte Versionen, werden im Apparat immer in derselben Reihenfolge aufgezählt. Welche drei Versionen werden zuerst genannt und in welcher Reihenfolge? [14*] → *Lösung*

h) Manchmal folgt ein hochgestelltes Zeichen unmittelbar auf das Handschriftensigel, z. B. ein Sternchen in »B*«. Nennen Sie mindestens drei der neun möglichen Exponenten und erklären Sie deren Bedeutung. [14*–15*] → *Lösung*

i) Erklären Sie, in welchen Fällen das Sigel »𝔐«, wann »*pm*« und wann das Sigel »Byz« Verwendung findet. [15*–16*]. → *Lösung*

j) Welche Aussage machen die Herausgeber über den Ursprung einer Variante, wenn sie die Verzeichnung dieser Variante im Apparat mit dem Sigel »p)« einleiten? [17*]. → *Lösung*

k) Die Herausgeber unterscheiden im Apparat drei Gruppen von griechischen Handschriften. Wie werden diese Gruppen bezeichnet? [17*–18*] → *Lösung*

l) Zwei Gruppen von Minuskelhandschriften sind in der Ausgabe zu einer »Familie« zusammengefasst. Wie lauten die Sigel dieser beiden Handschriftenfamilien? [19*] → *Lösung*

m) Im Mehrheitstext der Offenbarung geben sich zwei byzantinische Ausgaben deutlich zu erkennen. Welche beiden Sigel werden verwendet, um zwischen diesen beiden Ausgaben zu unterscheiden? [23*] → *Lösung*

n) Auf welche drei Sprachen konzentrierten sich die Herausgeber bei der Verzeichnung von Varianten in den ältesten Übersetzungen? [23*] → *Lösung*

o) Zwischen welchen beiden Handschriftengruppen wird bei den lateinischen Übersetzungen unterschieden? [24*] → *Lösung*

p) Die altlateinischen Zeugen werden wie in den älteren Auflagen des *Novum Testamentum Graece* in Kleinbuchstaben notiert, (z. B. a, aur, gig). In der einschlägigen Literatur wird ein anderes System verwendet, indem jeder Handschrift eine Zahl zugewiesen wird. Wo in der Ausgabe befindet sich eine Tabelle, die es erlaubt, die Nummer einer altlateinischen Handschrift anhand der in NA28 verwendeten Kleinbuchstaben zu ermitteln? [25*] → *Lösung*

q) Bei sogenannten »Zitaten von Kirchenvätern« haben die Herausgeber nur sehr selektiv Zitate aus der antiken und mittelalterlichen Literatur im Apparat notiert. Von welchem Kriterium haben sie sich bei der Auswahl leiten lassen? [35*] → *Lösung*

Die Beigaben am äußeren und inneren Rand (39*–43*)

a) Am äußeren Rand (d. h. bei ungeraden Seitenzahlen der rechte Rand, bei geraden der linke Rand) sind drei Kategorien von Schriftverweisen ergänzt. Welche? [39*] → *Lösung*

b) Auf dem Hintergrund der Zwei-Quellen-Theorie werden Parallelen zwischen dem Matthäus- und dem Lukasevangelium entweder auf das Markusevangelium oder aber auf Q zurückgeführt. Wie haben die Herausgeber in solchen Fällen diese unterschiedlichen Abhängigkeiten angezeigt? [39*] → *Lösung*

c) Was bedeutet das Sigel »𝔊(A)«? [40*] → *Lösung*

d) Wie werden folgende Schriften abgekürzt: Matthäusevangelium, Römerbrief, 1. Korintherbrief, Hebräerbrief, Apostelgeschichte, Offenbarung? [41*] → *Lösung*

e) Am inneren Rand (d. h. bei ungeraden Seitenzahlen der linke Rand, bei geraden der rechte Rand) sind gelegentlich durchlaufende kursive Zahlen notiert (z. B. bei Joh 2,1; Röm 1,18). Was zeigen diese Zahlen an? [42*] → *Lösung*

f) Für welche Schriften existieren eusebianische Sektions- und Kanonzahlen? [42*] → *Lösung*

g) Wie werden eusebianische Sektions- und Kanonzahlen am inneren Rand notiert? [42*] → *Lösung*

h) Was bedeutet ein Sternchen »*« im Text der Ausgabe, z. B. Lk 3,16? [43*] → *Lösung*

Die Appendices (43*–45*)

a) Was bedeutet ein Sternchen »*« vor dem Sigel einer griechischen Handschrift in Appendix I, z. B. *𝔓^{24}? [43*] → *Lösung*

b) Was bedeuten die Kleinbuchstaben »e a p r«? [43*] → *Lösung*

c) Warum werden manchmal die Sigel »act« und »cath« verwendet? [43*] → *Lösung*

d) Welche Varianten sind in Appendix II notiert? [44*] → *Lösung*

e) In Appendix III sind die Textparallelen tabellarisch zusammengefasst, auf die am äußeren Rand des griechischen Textes verwiesen wird.

Einige dieser Verweise sind in Normaldruck, andere sind *kursiv* gesetzt. Was wird durch den Kursivdruck angezeigt? [44*] → *Lösung*

f) Wo in der Ausgabe werden lateinische Abkürzungen übersetzt? [45*] → *Lösung*

2. Was ist der »Mehrheitstext« (𝔐)?

Bei der Bezeichnung Mehrheitstext (𝔐) handelt es sich zunächst um eine statistische Größe. Vergleicht man den Text aller neutestamentlichen Handschriften miteinander, so ergibt sich, dass die Mehrheit der Handschriften an den in NA28 verglichenen Textstellen miteinander übereinstimmt. Wie lässt sich dieses Phänomen erklären?

Folgendes Beispiel mag die Beobachtung veranschaulichen. Wer heute ein Exemplar der Lutherbibel kauft, erwirbt ein Buch mit einem genau definierten Wortlaut. Diese Übersetzung wurde über Jahrzehnte und in verschiedenen Formaten vertrieben. Es gab und gibt gebundene Ausgaben, Taschenbuchausgaben oder elektronische Ausgaben. Auch wenn sich die Formate unterscheiden, ist doch der Text in jeder dieser Ausgaben identisch. In einer kritischen Ausgabe könnte man also den Text der Lutherbibel mit einem einzigen Sigel verzeichnen.

Auch wenn bei handschriftlichen Kopien sehr viel eher als beim Buchdruck damit zu rechnen ist, dass die Kopie nicht textgleich mit der Vorlage ist, gilt hier Ähnliches wie bei Druckausgaben: Wenn man weiß, welche Handschrift von welcher Handschrift abgeschrieben wurde, reicht es aus, nur die Mutterkopie zu verzeichnen.

Der Grund dafür, dass der Text so vieler Handschriften miteinander übereinstimmt, besteht darin, dass die Mehrheit der erhaltenen Handschriften relativ jung ist und aus einem begrenzten Gebiet stammt. Die meisten neutestamentlichen Handschriften stammen aus dem späten Mittelalter. Die griechische Sprache war zu diesem Zeitpunkt nicht mehr Weltsprache. Die byzantinische Kirche war deshalb in der Lage, Ausgaben der griechischen Bibel zu kontrollieren. Ähnlich der Lutherübersetzung im deutschen Sprachraum oder der King-James-Übersetzung im englischen Sprachraum kam es zu kirchlich autorisierten Ausgaben, die zentral revidiert wurden. Man kann also Handschriften, die sich als Abschriften einer dieser byzantinischen Ausgaben zu erkennen geben, wie eine einzige Handschrift mit einem einzigen Sigel verzeichnen. Und da die Mehrheit der erhaltenen Handschriften aus dem byzantinischen Raum stammt und spät ist, ist es nicht verwunderlich, dass sie den Text derselben Ausgabe bietet.

Andererseits ist aber auch klar, dass in diesen byzantinischen Ausgaben ältere Überlieferungen bewahrt sind. Es wäre ein grobes Missverständnis anzunehmen, dass die byzantinischen Bearbeiter Bibeltext »erfunden« hätten. Obwohl die redaktionelle Arbeit im Mittelalter stattfand, können die darin dokumentierten Varianten aus der Antike stammen, und zwar auch dann, wenn diese Varianten in den erhaltenen älteren Handschriften fehlen. Man darf also Lesarten, die nur in späten, byzantinischen Handschriften begegnen, nicht ignorieren.

Um solchen Missverständnissen zu begegnen, distanzieren sich die Herausgeber der *Editio Critica Maior* von der Bezeichnung Mehrheitstext (𝔐) und sprechen redaktionsgeschichtlich präziser von byzantinischen Handschriften (Byz). Dass eine Lesart von der Mehrheit der Handschriften geboten wird, bedeutet nicht, dass die Lesart dem Ausgangstext nahe steht, es bedeutet aber auch nicht, dass die Lesart sekundär ist. Die Anzahl der Kopien ist für die innere Textkritik kein Kriterium.

3. Der Text der Katholischen Briefe

Das Vorwort macht Benutzerinnen und Benutzern sofort deutlich, dass die Herausgeber bei Texterstellung und Apparat der Katholischen Briefe anders vorgegangen sind als bei den übrigen Schriften. Dadurch entsteht eine gewisse Uneinheitlichkeit der Ausgabe.

Diese ungewöhnliche Vorgangsweise beruht darauf, dass im Rahmen der *Editio Critica Maior* (ECM) die Erforschung der Textvarianten und der Textüberlieferung der Katholischen Briefe weiter fortgeschritten ist als für die anderen Schriften. Um der Öffentlichkeit die Ergebnisse auch in der Handausgabe zugänglich zu machen, wurden deshalb in diesem Bereich Neuerungen eingeführt, die in künftigen Auflagen der Handausgabe auch für andere neutestamentliche Schriften geplant sind.

So wird an Stellen, an denen die Herausgeber nicht entscheiden konnten, welche der Varianten den Ausgangstext der handschriftlichen Überlieferung darstellt, ein neues kritisches Zeichen eingeführt, ein Rhombus (♦). Als Beispiel mag Jak 1,22 dienen, wo offengelassen wurde, ob die Lesart μονον ακροαται oder ακροαται μονον in die Textzeile gehört. Die kritische Verzeichnung im Text lautet: ⬩⸉μονον ακροαται⸊. Die eckigen Klammern, die außerhalb der Katholischen Briefe bei umstrittenen Ergänzungen oder Auslassungen gesetzt werden, finden innerhalb der Katholischen Briefe keine Verwendung.

Außerdem findet in den Katholischen Briefen das Sigel für den Mehrheitstext (𝔐) keine Verwendung mehr. Stattdessen wurde historisch präziser eine neue Handschriftengruppe definiert, die die im byzantinischen Mittelalter vorherrschende Tradition repräsentiert und als »Byz« verzeichnet ist. Welche Handschriften im Einzelnen zu »Byz« gehören, ändert sich von Schrift zu Schrift, ist aber in NA28 selbst nicht verzeichnet. Für diese Information wird man die ECM zurate ziehen müssen (vgl. 2.2.2 Bestimmung der ständigen Zeugen für die Katholischen Briefe, 8*).

Übungsaufgaben

3 **17** Ὑμεῖς δέ, ἀγαπητοί, ⸀μνήσθητε τῶν ⬩⸂ῥημάτων τῶν 2P3,2
προειρημένων⸃ ὑπὸ τῶν ἀποστόλων τοῦ κυρίου ἡμῶν Ἰη-
σοῦ Χριστοῦ **18** ὅτι ἔλεγον ὑμῖν ⬩ ⸆ ⸂ἐπ’ ἐσχάτου χρόνου⸃ 2P3,3 2T3,1!
⸀ἔσονται ἐμπαῖκται κατὰ τὰς ἑαυτῶν ἐπιθυμίας πορευ- Is3,4𝔊 · 16
όμενοι τῶν ἀσεβειῶν. **19** Οὗτοί εἰσιν οἱ ἀποδιορίζοντες⸆,
ψυχικοί, πνεῦμα μὴ ἔχοντες. Jc3,15!
20 Ὑμεῖς δέ, ἀγαπητοί, ⸂ἐποικοδομοῦντες ἑαυτοὺς τῇ Kol2,7!
ἁγιωτάτῃ ὑμῶν πίστει⸃, ἐν πνεύματι ἁγίῳ προσευχόμε- E6,18
νοι⸆, **21** ἑαυτοὺς ἐν ἀγάπῃ θεοῦ ⸀τηρήσατε προσδεχόμε-
νοι τὸ ἔλεος τοῦ κυρίου ⸂ἡμῶν Ἰησοῦ Χριστοῦ εἰς ζωὴν⸃ 2T1,18
αἰώνιον. **22** °καὶ οὓς μὲν ⸂ἐλεᾶτε διακρινομένους⸃,
23 ⸂οὓς δὲ σῴζετε ἐκ πυρὸς ἁρπάζοντες, οὓς δὲ ἐλεᾶτε Am4,11 Zch3,2

16 ⸋𝔓^{72}* | ⸀αυτων ℵ A B* Ψ 5. 33. 81. 88. 307. 1611. 1735. 2344 • **17** ⸀μνημονευετε 1739 | ⸂⬩ προειρημενων ρηματων A 1448. 1611. 1739 sy; Lcf • **18** ⸆⬩ οτι 𝔓^{72} A C P 5. 33. 81. 88. 307. 436. 442. 642. 1175. 1243. 1448. 1611. 1735. 1739. 1852. 2492 Byz vg sy ¦ *txt* ℵ B Ψ 2344; Lcf | ⸂επ εσχατου του χρονου ℵ A 33. 436. 1611. 1852 sy$^{ph\,ms.h?}$ ¦ επ εσχατων των χρονων 442. 2344 bo^{mss} ¦ εν εσχατω (+ τω P) χρονω P 88. 642. 1175. 1448^{vid}. 2492 Byz ¦ επ εσχατου των χρονων 81. 307. 1739 (vg^{s}) sy$^{ph\,mss}$ co ¦ επ εσχατων του χρονου 1735 ¦ *txt* 𝔓^{72} B C Ψ 5. 1243 sy$^{ph\,ms.h?}$ | ⸀ελευσονται ℵ^{2} A C^{2} 5. 33. 81. 307. 436. 1735. 1739. 2344 vg co ¦ αναστησονται Ψ ¦ *txt* 𝔓^{72} ℵ* B C* P 88. 442. 642. 1175. 1243. 1448^{vid}. 1611. 1852. 2492 Byz • **19** ⸆εαυτους C 5. 88. 642. 1243. 1611. 1739^{c}

NA28, S. 733 (Judasbrief)

a) Im Text zu Judas 18 verwenden die Herausgeber einen Rhombus. Lösen Sie den Eintrag im Apparat auf, auf den dieser Rhombus verweist, und beschreiben Sie die Bezeugung der Varianten in ganzen Sätzen. → *Lösung*
b) Da der Rhombus nur innerhalb der Katholischen Briefe Verwendung findet, steht er den Herausgebern für die anderen Schriften nicht zur Verfügung. Wie würden die Herausgeber diese Variante außerhalb der Katholischen Briefe verzeichnen? → *Lösung*

4. Positiver und negativer Apparat

Im obigen Beispiel zu Judas 18 wurden sowohl die Zeugen für die Variante im Apparat als auch die Zeugen für die Textlesart aufgezählt (voneinander getrennt durch »¦ *txt*«). In diesen Fällen sprechen die Herausgeber von einem »positiven« Apparat (11*). In anderen Fällen werden jedoch nur die Zeugen angegeben, die die Variante bieten, und es bleibt Benutzerinnen und Benutzern der Ausgabe überlassen zu ermitteln, welche Handschriften den Text enthalten. In solchen Fällen sprechen die Herausgeber von einem »negativen« Apparat.

Um in solchen Fällen die Zeugen für die im Textteil abgedruckte Variante zu ermitteln, muss man mehrere Schritte durchführen.

1. Die »ständigen Zeugen« der entsprechenden Schrift ermitteln. Die Listen finden sich in der Einführung (18*–23*).
2. Prüfen, ob jeder dieser ständigen Zeugen auch die entsprechende Textstelle enthält, und alle Handschriften aus der Liste streichen, die an der Stelle nicht zur Verfügung stehen. Diese Information kann dem Anhang I, Spalte 4 (cont.) entnommen werden.
3. Von der Liste der Zeugen zur Stelle diejenigen entfernen, die die im Apparat angegebene Variante enthalten.

Man beginnt also mit einer großen Zahl von Zeugen und streicht diejenigen aus, die in Schritt zwei und drei wegfallen. Die Handschriften, die nach dieser Methode übrig bleiben, sind in der Ausgabe als Zeugen für den Text notiert, ohne explizit im Apparat aufgelistet zu werden. Allerdings muss bedacht werden, dass kleinere Auslassungen im Text oder unleserliche Stellen in einzelnen Handschriften oft nicht verzeichnet sind.

Übungsaufgaben

a) Für Judas 17 ist im Apparat eine Variante zu ῥημάτων τῶν προειρημένων notiert. Ermitteln Sie, welche griechischen Handschriften den Wortlaut ῥημάτων τῶν προειρημένων bezeugen, der im Textteil abgedruckt wurde. → *Lösung*

b) Am Ende des Vaterunsers in Mt 6,13 verweist das kritische Zeichen ᵀ auf Varianten mit zusätzlichem Text. In der Lutherübersetzung von 1545 findet sich hier die sog. Doxologie des Vaterunsers: »Denn dein ist das Reich und die Kraft und die Herrlichkeit in Ewigkeit. Amen.« Auf welche griechischen Handschriften kann sich diese Variante berufen? → *Lösung*

c) Versuchen Sie, die Entscheidung der Herausgeber nachzuvollziehen und die eben beschriebene Variante in Mt 6,13 als Ergänzung zum Ausgangstext zu interpretieren. Diskutieren Sie, welche der beiden oben dargestellten textkritischen Faustregeln den Ausschlag gegeben haben könnte, die Doxologie in den Apparat zu setzen? → *Lösung*

d) In Lukas 4,43 wird im Text angezeigt, dass Varianten existieren, die die beiden Wörter με δεῖ umstellen. Im Apparat werden folgende Zeugen für die Lesart δεῖ με genannt: B (D) W 892. Was bedeuten die Klammern um die Majuskel D? Wie lautet die Variante genau, die in D enthalten ist? Beschreiben Sie Ihre Vorgangsweise. → *Lösung*

e) Folgende Zeugen haben den Titel des Johannesevangeliums als ευαγγελιον κατα Ιωαννην überliefert: C Δ 1424 K W^{s} Θ (A) 565 vg^{ww} Ψ f^{1} 33 L 700 D 892 $\mathfrak{P}^{75}$1241 $\mathfrak{P}^{66}$ 𝔐. Bringen Sie diese Zeugen in die Reihenfolge, in der sie in NA28 abgedruckt sind. → *Lösung*

5. Der Umgang mit den alten Übersetzungen

Das griechische Neue Testament wurde schon früh in andere Sprachen übersetzt. Da diese Übersetzungen auf alten Formen des griechischen Textes beruhen können, werden sie von den Herausgebern bei der Rekonstruktion des griechischen Ausgangstextes zurate gezogen.

Allerdings werden Varianten, die sich in frühen Übersetzungen des griechischen Neuen Testamentes finden, mit großer Zurückhaltung notiert. Zum einen achtete man sorgfältig darauf, nur Lesarten aufzunehmen, die sich mit großer Wahrscheinlichkeit tatsächlich auf den Text einer griechischen Handschrift beziehen. Änderungen, die bei der Übersetzung durch redaktionelle Arbeit entstanden, wurden nicht verzeichnet

(23*f.). Außerdem beschränkten sich die Herausgeber weitgehend auf drei Sprachen: Lateinisch, Syrisch und Koptisch. Die übrigen Übersetzungen – ins Armenische, Georgische, Gotische, Äthiopische und Altkirchenslawische – bleiben weitgehend unberücksichtigt.

Es ist für Benutzerinnen und Benutzer der Ausgabe wichtig zu verstehen, dass der Apparat nicht den Anspruch erhebt, die Varianten der Versionen vollständig zu verzeichnen. In der Regel werden Varianten aus den Übersetzungen nur dann aufgenommen, wenn sie eine Lesart unterstützen, für die sich auch in griechischen Handschriften Belege finden. Man kann also anhand der Ausgabe keine Schlüsse auf den Wortlaut einer bestimmten Übersetzung ziehen, wenn diese nicht ausdrücklich im Apparat aufgeführt ist. Die Aufgabe, eine Handausgabe zu erstellen, begründet diese vorsichtige Vorgangsweise.

Auf der anderen Seite bedeutet dies, dass in allen Fällen, in denen die Lesart einer Version notiert wurde, die Herausgeber davon ausgehen, dass diese Variante eine ursprünglich griechische Variante bezeugt und somit den Stellenwert einer griechischen Handschrift hat.

6. Die sogenannten »Kirchenväterzitate«

Zitate aus Schriften des Neuen Testamentes, die in anderen antiken Texten eingebettet sind, können wertvolle Hinweise auf den Wortlaut der neutestamentlichen Handschriften liefern, die den jeweiligen Autoren (und Autorinnen?) zur Verfügung standen.

Da es aber oft schwierig ist, zwischen Anspielungen und direkten Zitaten zu unterscheiden, und auch damit gerechnet werden muss, dass im Laufe der handschriftlichen Überlieferung der Schrift neutestamentliche Zitate an die gängigen Bibelausgaben angepasst wurden, haben sich die Herausgeber dazu entschlossen, solche Verweise nur sehr zurückhaltend zu dokumentieren, »d.h. nur dann, wenn sie als verlässliche Zeugen der von ihnen herangezogenen Handschriften gelten können« (35*).

Der Ausdruck »Kirchenväter«, der traditionell für diese Zeugen verwendet wird, ist unpräzise. Bei einer anonymen oder gefälschten Schrift wird man offenlassen müssen, ob sie von einem Mann oder einer Frau (einer Kirchenmutter?) verfasst worden ist. Auch ist es für den Quellenwert nicht wesentlich, ob die Schrift von einem »Kirchenschriftsteller« oder einem Kritiker der Kirche veröffentlicht wurde.

Benutzerinnen und Benutzer der Ausgabe sollten sich daher vergewissern, worum es sich genau bei diesen Verweisen handelt, d.h., ob es sich um eine Schrift, eine Person, eine kirchentreue oder eine kirchenkritische Quelle handelt. Dies wird nur anhand von Informationen außerhalb der Ausgabe möglich sein. Die Abkürzung »Ambst« im *Sigelverzeichnis für die Kirchenväter* (37*) bezeichnet beispielsweise einen gefälschten Pauluskommentar, der unter dem Namen und zu Lebzeiten des Ambrosius veröffentlicht wurde. Es wäre also falsch, diesen Zeugen als »Kirchenvater Ambrosiaster« zu bezeichnen. Auch die Autoren Markion, Pelagius, Ptolemäus, die alle als Häretiker betrachtet wurden, als »Kirchenväter« zu bezeichnen, ist erklärungsbedürftig.

Bei den angegebenen Datierungen ist ebenfalls Vorsicht geboten. Sie sollen nur zur ersten Orientierung dienen. Manchmal bezieht sich die Jahresangabe auf den Autor, manchmal auf das Publikationsdatum der Ausgabe. So wird z.B. »$\mathrm{Ir}^{\mathrm{arm}}$« – das ist die armenische Ausgabe der Schriften des Irenäus – ins vierte bis fünfte Jahrhundert datiert, Irenäus selbst (»Ir«) aber ins zweite Jahrhundert. Die Datierung bezieht sich also auf den Zeitpunkt der Übersetzung, das Zitat selbst ist aber wertvoll, weil es wahrscheinlich eine Variante aus dem zweiten Jahrhundert belegt.

7. Die Kanontafeln des Eusebius

Die vier kanonischen Evangelien weisen zahlreiche Parallelen auf. Die Kanontafeln, die Eusebius von Cäsarea im vierten Jahrhundert entwickelte, zeigen für jeden Abschnitt an, ob in den anderen Evangelien eine Parallele dazu existiert und, falls dies der Fall ist, in welchem Evangelium und an welcher Stelle.

Diese sogenannten *canones* sind in vielen Evangelienhandschriften notiert und auch im Nestle-Aland angegeben. Ihr Wert für den Umgang mit dem griechischen Neuen Testament wird häufig unterschätzt.

Eusebius erklärt sein System in seinem Brief *Ad Carpianum*, der in NA28 auf Griechisch abgedruckt ist (89*f.). Die wichtigsten Passagen lauten auf Deutsch (Zeilen 1–2. 13–30):

> Eusebius an Carpianus, seinen geliebten Bruder im Herrn. Grüße. ... Ich habe dir zehn Tabellen zusammengestellt. Die erste Tabelle enthält Zahlen, die auf Parallelen in allen vier Evangelien (Matthäus,

> Markus, Lukas und Johannes) verweisen. Die zweite Tabelle verzeichnet Parallelen in Matthäus, Markus und Lukas; ... die fünfte verzeichnet Parallelen in Matthäus und Lukas, ... die zehnte markiert Textabschnitte, die sich nur in einem Evangelium finden.
> Dies ist also der Aufbau der Tabellen, und so benutzt man sie am besten: Im Text der vier Evangelien sind Zahlen ergänzt worden, die die Abschnitte eines Evangeliums von vorne nach hinten durchnummerieren, sie beginnen also am Anfang eines jeden Buches mit der Zahl Eins, Zwei, Drei, bis sie das Ende des Buches erreichen. Neben jeder dieser Zahlen ist in roter Farbe eine weitere Zahl notiert, die auf eine der zehn Tabellen verweist.

Statt wie Eusebius mit mehreren Farben zu arbeiten, haben sich die Herausgeber des Nestle-Aland dazu entschlossen, unter der arabischen Zahl, die die Abschnitte eines jeden Evangeliums durchnummeriert, die Nummer des eusebianischen Kanons in römischen Ziffern abzudrucken.

So ist am inneren Rand zu Mk 13,1 notiert: $\frac{137}{\text{II}}$. Dies bedeutet, dass bis zum Anfang des 13. Kapitels der Text bereits in 137 Abschnitte unterteilt wurde. Da der nächste Abschnitt 138 mit Mk 13,3 beginnt, verweist die Zahl 137 auf Mk 13,1-2. Die römische Zahl II unter der Zahl 137 verweist auf Kanon II.

Schlagen Sie nun die Kanontabellen in der Einführung auf (90* ff.). Die Überschrift der Tabelle 2 lautet »CANON II, IN QUO TRES«. Die Spaltenüberschriften machen deutlich, dass hier die Abschnitte der Evangelien Matthäus, Markus und Lukas verzeichnet sind.

Übungsaufgaben

a) Ermitteln Sie anhand der eusebianischen *canones* die Parallele zu Mk 13,1-2 im Matthäusevangelium. → *Lösung*

b) Ermitteln Sie anhand der eusebianischen *canones* die beiden Parallelen im Lukasevangelium. → *Lösung*

Es lohnt sich, sich mit zumindest drei *canones* vertraut zu machen. Im Rahmen der Zweiquellentheorie werden gemeinsame Passagen der ersten drei Evangelien dadurch erklärt, dass das Matthäus- und das Lukasevangelium den Text aus dem Markusevangelium aufnehmen und redaktionell überarbeiten. Diese Abschnitte sind am inneren Rand des Nestle-Aland in Mt, Mk und Lk dem Kanon II zugeordnet.

Außerdem erklärt die Zweiquellentheorie den Ursprung derjenigen Passagen, die im Matthäus- und Lukasevangelium enthalten sind, im Markusevangelium aber fehlen, damit, dass sie aus einer verlorenen Schrift stammen, der sogenannten Quelle Q. Die für Q infrage kommenden Abschnitte können also ganz schnell identifiziert werden, wenn man in Mt und Lk nach dem Kanon V Ausschau hält.

Im Rahmen redaktionskritischer Auslegungen sind vor allem Passagen von großem Interesse, die in den anderen Evangelien keine Parallele haben. Diese Abschnitte könnten Sondergut darstellen, d.h. aus Traditionen stammen, die den anderen Evangelien unbekannt waren, oder könnten von der Hand der Autoren und Redaktoren des Evangeliums formuliert worden sein und insofern Aufschluss geben über die Komposition und redaktionelle Intention des Evangeliums. Solche Abschnitte sind im Kanon X aufgezählt.

Und schließlich sind für die Auslegung des Johannesevangeliums die Texte von großem Interesse, die die Leserinnen und Leser aus der Lektüre der ersten drei Evangelien bereits kennen, da sie auf dem Hintergrund der synoptischen Überlieferung oft eine überraschende Umdeutung erfahren. Solche Abschnitte sind in Kanon I aufgezählt. In Kanon III sind Parallelen zwischen Johannes und Q aufgezählt.

Übungsaufgabe

c) Betrachtet man Mt 8 im Lichte der Zweiquellentheorie, so ergibt sich, dass dieses Kapitel Texte zusammenführt, von denen einige auf das Markusevangelium zurückgehen und andere aus der Quelle Q stammen. Versuchen Sie, sich eine erste Orientierung zu verschaffen, indem Sie die eusebianischen *canones* zu Hilfe nehmen. → *Lösung*

8. Appendix I B: Codices Latini

Auf die griechischen Handschriften (siehe dazu o. S. 25 ff.) folgt in Appendix I eine Liste der lateinischen Handschriften, die im Apparat verglichen werden. Wieder ist jeder dieser Zeugen in vier Spalten beschrieben: Sigel, Jahrhundert, Aufbewahrungsort und Inhalt. Im Unterschied zu der Liste der griechischen Handschriften sind die lateinischen allerdings nach Inhalt untergliedert: Evangelien (*evangelia*), Apostelgeschichte (*actus apostolorum*), Paulusbriefsammlung (*corpus Paulinum*), Katholische Briefsammlung (*epistulae catholicae*) und Offenbarung (*apokalypsis*). Dies hat zur Folge, dass eine lateinische Handschrift, die mehr als eine Sammlungseinheit enthält, auch mehr als einmal im Anhang aufgeführt wird.

Die Handschriften werden mit Kleinbuchstaben verzeichnet. Auf den Buchstaben folgt eine Zahl. Wie bei den griechischen Majuskeln gilt, dass nur die Zahl eine Handschrift eindeutig identifiziert. Ein Kleinbuchstabe kann mehr als einmal verwendet werden und ganz verschiedene Handschriften bezeichnen.

So bezeichnet »e« in den Evangelien die Handschrift 2 aus dem fünften Jahrhundert, in der Apostelgeschichte aber die Handschrift 50 aus dem sechsten Jahrhundert. Es ist also bei der Beschreibung lateinischer Handschriften große Vorsicht zu wahren, da es leicht zu Verwechslungen kommen kann.

Übungsaufgabe

a) Für welche lateinischen Handschriften wird das Sigel »d« verwendet? → *Lösung*

9. Appendix II: Variae Lectiones Minores

Um den Apparat zu entlasten, wurden an einigen Stellen Lesarten, die nur geringfügig von der notierten Lesart abweichen, nicht vollständig angegeben. In solchen Fällen sind Zeugen in runden Klammern notiert, deren vollständige Lesart in Appendix II beschrieben ist.

Übungsaufgabe

a) Im Apparat zu Röm 15,23 wird unter dem kritischen Zeichen ⸀ auf eine Lesart in F verwiesen, die aber nicht vollständig ausgeführt wird. Versuchen Sie, den Wortlaut von F in Röm 15,22-23 mithilfe von NA28 zu ermitteln. → *Lösung*

III. Das Novum Testamentum Graece als wissenschaftliche Ausgabe

Die folgenden Bemerkungen bieten einen Überblick über Stärken und Grenzen dieser Handausgabe und sind für Kolleginnen und Kollegen in Forschung und Lehre zusammengestellt, die mit der Benutzung der älteren Ausgaben des Nestle-Aland vertraut sind.

1. Änderungen in der 28. Auflage

Im Folgenden sind Neuerungen, die in der 28. Auflage eingeführt wurden, zusammengestellt, um Fachkolleginnen und -kollegen einen schnellen Überblick zu verschaffen.

Editio minor

Der vielleicht größte Unterschied zwischen der 27. und 28. Auflage des *Novum Testamentum Graece* besteht in dem neuen Verständnis, dass die »Neuauflage des Nestle-Aland« die »auf der Großen Ausgabe basierende Editio minor« darstellt. Da aber bisher nur die Katholischen Briefe in der Bearbeitung der *Editio Critica Maior* vorliegen, muss »mit der Neukonstitution des Textes so lange gewartet werden, bis mit dem Fortschreiten der Arbeit an der ECM die dafür nötigen Materialien und Erkenntnisse vorliegen« (v).

Aus dieser Neukonzeption der 28. Auflage erklären sich die Unterschiede bei der kritischen Darstellung der Zeugen im Bereich der Katholischen Briefe, auf die oben bereits ausführlich verwiesen wurde. Es ist also geplant, mit dem Fortschreiten der ECM auch Neuauflagen der »Editio minor« zu besorgen, die dem neuen Konzept folgen und die Textänderungen der ECM übernehmen.

Eine weitere Konsequenz dieser Entscheidung ist, dass von den Fachkollegen erwartet wird, dass sie sich mit der ECM vertraut gemacht haben, da einige Materialien, die dort enthalten sind, im Nestle-Aland nicht noch einmal referiert werden. Vor allem wird bei Fragen zur Methodik und zur

Bewertung einzelner Zeugen regelmäßig auf die Große Ausgabe verwiesen (vgl. die Bemerkungen und Fußnoten zum byzantinischen Text, 8*).

Ständige Zeugen zweiter Ordnung

Die Unterscheidung von ständigen Zeugen erster und zweiter Ordnung wurde aufgegeben. Bei positivem Apparat sind nun also alle ständigen Zeugen notiert. Die komplizierte und gelegentlich unzuverlässige Rekonstruktion des Textes der Zeugen zweiter Ordnung, die in der vorhergehenden Auflage erforderlich war, ist nun nicht mehr nötig. Allerdings muss bei negativem Apparat mit der Möglichkeit gerechnet werden, dass ein ständiger Zeuge wegen einer Lücke oder Unleserlichkeit nicht erschlossen werden kann (siehe Beispiel unten S. 58–60, Röm 16,3 in $\mathfrak{P}^{46}$). Durch den Verzicht auf die Verzeichnung ständiger Zeugen zweiter Ordnung ist die Anzahl der Einträge im Apparat angewachsen (18*).

Auch wenn die Herausgeber »im Apparat drei Gruppen von Handschriften« unterscheiden (17*–18*), so ist die Unterscheidung zwischen a) ständig zitierten, b) häufig zitierten und c) gelegentlich zitierten Handschriften nicht konsequent durchgeführt. So sind die »gelegentlich zitierten« Handschriften für die Einzelschriften in der Einführung nicht mehr aufgelistet. Sie könnten theoretisch aus Appendix I durch Subtraktion der ständigen und häufig zitierten Zeugen ermittelt werden. Weiter fällt auf, dass die Liste der Zeugen, die für die Bezeugung der einzelnen Sammlungseinheiten zusammenstellt wurde (19*–23*), für die Evangelien, die Katholischen Briefe und die Offenbarung nur »ständige Zeugen« aufführt. Lediglich die Paulusbriefsammlung und die Apostelgeschichte haben noch eine Anzahl »häufig zitierter Zeugen« verzeichnet.

Die alten Übersetzungen

Was die alten Übersetzungen betrifft, ist die Liste der Editionen, auf denen die Kollationen beruhen, auf den neuesten Stand gebracht worden. Betroffen ist im Bereich der lateinischen Übersetzungen die Offenbarung. Neue syrische Ausgaben sind benutzt worden für den Syrus Curetonianus (Evangelien) und die Peschitta (Jak, 1 Petr und 1 Joh). Auch neue Ausgaben für den Text der Harclensis im Bereich der Evangelien, der Paulusbriefe und der großen Katholischen Briefe liegen nun vor. Für 2 Petr, 2 Joh, 3 Joh und Jud beruhen die Angaben auf unveröffentlichten Kollationen des Instituts für Neutestamentliche Textforschung in Münster. Der Text der Offenbarung wird nach einer Fotoausgabe zitiert.

Bei den koptischen Übersetzungen hat sich die Nomenklatur geändert: subachmimisch (bisher: ac^2) ist jetzt lykopolitanisch (ly), und mittelägyptisch-faijumisch (bisher: mf) ist jetzt Dialekt W (crypto-mesokemisch, cw). Faijumisch (fa) und Dialekt V (cv) wurden neu aufgenommen. Für Joh und Apg wurden Handschriftenkollationen des Institutes eingearbeitet, die zur Vorbereitung der Bände der ECM zu diesen Schriften bereits angelegt wurden.

Von den übrigen Übersetzungen sind vor allem die neuen Ausgaben für das Äthiopische (Mt, Apg, Katholische Briefe) und für das Altkirchenslawische (Evangelien) hervorzuheben.

Verzicht auf Konjekturen

Sichtlich schwergefallen ist den Herausgebern der Verzicht auf die Verzeichnung von Konjekturen (4*). Der Hinweis auf Konjekturen und Emendationen in vorhergehenden Ausgaben war problematisch, da es wegen der sehr kurzen Notierungen oft schwer war, die Quelle zu identifizieren. Eine »bloße Nennung einer Konjektur ohne Nachweis der Quelle« wurde von den Herausgebern der 28. Auflage aber als unbefriedigend empfunden, zumal die Auswahl wenig repräsentativ erschien und sich meist auch nur auf sehr alte Literatur bezog.

Es gab also unter pragmatischen Gesichtspunkten gute Gründe, auf Konjekturen zu verzichten, zumal die Publikation eines Verzeichnisses aller Konjekturen in älteren Ausgaben des *Novum Testamentum Graece* durch eine Forschungsgruppe an der Vrije Universiteit Amsterdam in Vorbereitung ist (4*). Der Verzicht auf die Verzeichnung von Konjekturen im Apparat von NA28 bedeutet dabei nicht, dass sich die Herausgeber grundsätzlich gegen Konjekturen aussprechen. Das wäre auch insofern merkwürdig, da das Prinzip einer eklektischen Textausgabe ja gerade in dem Versuch besteht, aus den zur Verfügung stehenden Zeugen den ältesten Wortlaut zu jeder Einzelstelle zu rekonstruieren. Dabei kann man nicht ausschließen, dass dieser älteste Text – trotz der Fülle von Zeugen – verloren ging und von keiner erhaltenen Handschrift bezeugt wird. Wenn man aber im Rahmen der sonst angewandten Methode alle Varianten als Variationen eines rekonstruierbaren »Ausgangstextes« versteht, muss man grundsätzlich die Möglichkeit offenlassen, eine Konjektur, die in den Handschriften nicht belegt ist, in den Text zu setzen. Für Herausgeber eklektischer Textausgaben ist die Verzeichnung von Konjekturen daher durchaus üblich.

Subscriptiones

Da die Fülle der Varianten zu den *subscriptiones* der einzelnen Schriften des Neuen Testamentes nicht im Verhältnis zum begrenzten exegetischen Ertrag steht, wurde auf deren Verzeichnung im Apparat erstmals ganz verzichtet (5*).

Auch wenn diese redaktionelle Entscheidung gut nachvollziehbar ist, so ist damit doch etwas verloren gegangen, das in den älteren Auflagen sehr hilfreich war. Die *subscriptiones* waren eine der wenigen Stellen, an denen man mithilfe des Nestle-Aland einen Einblick in die Editionsgeschichte des Neuen Testamentes als Publikation erhalten konnte. Die Angaben, die in der Briefliteratur auch wechselnde Theorien zu Verfassungsort und Datierung dokumentierten, fanden über die byzantinischen Ausgaben ihren Weg in die ältesten Druckausgaben und von dort in die einflussreichen frühen Übersetzungen. So sind diese Angaben sowohl ein Teil der Lutherbibel von 1545 als auch der King-James-Version gewesen und haben das Verständnis vieler Exegetinnen und Exegeten, Bibelleserinnen und -leser bis in das 20. Jahrhundert hinein geprägt. Den Bibelgesellschaften, die seit über einem Jahrhundert die Nestle-Ausgabe dem *textus receptus* als Ausgangstext für ihre Übersetzungen in moderne Sprachen vorziehen, wurde durch die Verzeichnung von Varianten in den *subscriptiones* deutlich gemacht, dass die lieb gewonnenen Angaben nicht zum kanonischen Text gehörten, und nach und nach wurden sie bei den Übersetzungen weggelassen. Sie fehlen heute sowohl in der Lutherbibel als auch in der Einheitsübersetzung. Mit der 28. Auflage fehlen sie nun auch im griechischen Text, obwohl sie im Codex Vaticanus, Sinaiticus und vielen anderen wichtigen Zeugen geboten werden.

Abkürzungen im Apparat

Um Mehrdeutigkeiten zu vermeiden, wird im Apparat auf unpräzise Angaben wie *pauci* (*pc*) oder *alii* (*al*) verzichtet. Neu eingeführt wurde demgegenüber die auch im Englischen übliche Abkürzung *cf* (*confer*), die das in früheren Ausgaben gelegentlich verwendete, aber mehrdeutige *et* oder *sed* ersetzt.

Textänderungen

Mit großer Spannung wartete die Fachwelt auf Informationen, ob Änderungen im Text vorgenommen worden sind. Die 27. Auflage hatte bekanntlich den Text der 26. Auflage (1979) unverändert übernommen. Zum ersten Mal seit über dreißig Jahren hat sich nun der griechische Text der Ausgabe geändert. Da »die Editio Critica Maior (ECM) der Katholischen Briefe vorliegt und hier der Text auf der Basis des gesamten relevanten Handschriften- und Quellenmaterials neu konstituiert werden konnte«, hat sich das Herausgebergremium dazu entschlossen, »die Textentscheidungen der ECM in den Text dieser Neuauflage« zu übernehmen (3*).

Die 33 Textänderungen innerhalb der Katholischen Briefe sind übersichtlich auf einer Seite abgedruckt (6*). Es fällt dabei positiv auf, dass in neun Fällen, in denen die Variante in eckigen Klammern gedruckt war, nun eine klare Entscheidung getroffen werden konnte. In jedem dieser Fälle wurde die entsprechende Variante in den Apparat gesetzt. Auf Änderungen des Apparates in diesem Teil der Ausgabe wurde oben bereits eingegangen. Der Text der restlichen Schriften bleibt unverändert und entspricht daher der 26. und 27. Auflage.

Appendix I: Griechische Handschriften

Für die 28. Auflage des Nestle-Aland wurde die Liste der Papyri auf den aktuellen Stand von 127 Papyri gebracht. Die 27. Auflage hatte seit dem 8., korrigierten Druck 2001 116 Papyri verzeichnet. Die Liste ist also noch einmal deutlich angewachsen.

Während bis zur 27. Auflage am Ende der Minuskelliste noch eine Seite abgedruckt war, in der eine Auswahl von 899 Minuskelhandschriften genannt wurde, die als Zeugen für den Mehrheitstext identifiziert worden waren, fehlt eine solche Aufzählung in der 28. Auflage.

Appendix II: Variae Lectiones Minores

Um den Apparat zu entlasten, wurde bereits in der 27. Auflage in Appendix II unter dem Titel *Variae Lectiones Minores* eine Liste von Varianten aufgenommen, die im Apparat in runden Klammern verzeichnet sind. Es handelt sich dabei um Varianten, die oft Sonderlesarten bestimmter Handschriften darstellen und in der Regel aus der Variante abgeleitet sind, unter der sie im Apparat aufgeführt wurden. Diese Liste hat sich sehr verändert.

Nimmt man etwa die Einträge zum Galaterbrief, so waren in der 27. Auflage 15 Einträge notiert, in der 28. Auflage sind diese auf acht Einträge reduziert, und die 20 Angaben zum Epheserbrief wurden in der 28. Auflage auf zehn gebracht.

In Gal 4,11 z. B. wurde εκοπισα der ersten Hand in $\mathfrak{P}^{46}$ durch Einfügung eines α über dem Wort in das korrekte εκοπι$^{\alpha}$σα korrigiert, vielleicht sogar von der ersten Hand (vgl. Kenyon, 137 zur Stelle). Dies war in der 27. Auflage noch notiert, wurde nun aber weggelassen. Solche Feinheiten sind anhand von NA28 nicht mehr nachzuvollziehen. Ziel der Überarbeitung war wohl, den Apparat nicht mit wahrscheinlich vom Schreiber selbst korrigierten Fehlerlesarten zu belasten. Zu Gal 1,8 ευαγγελιζηται wurden in der 27. Auflage im Appendix noch Varianten in 104, 1241^{s}, 1739*, 0278 und D* aufgezählt. Geblieben ist davon nur die Variante in $D^{*,c}$. Die Variante in 104 ist korrigiert worden (war in der 27. Auflage vielleicht ein Lesefehler), die Korrektur in 1241 ist nicht mehr notiert (ημιν wird als itazistische Verschreibung von υμιν interpretiert), die Lesart von 1739* ist in der neuen Auflage als Lesart von 1739 verzeichnet (es handelt sich hier wohl um eine Selbstkorrektur der ersten Hand; auf den Eintrag 1739^{vid} wurde verzichtet), die Umstellung in 0278 ist nicht mehr im Anhang, sondern nur im Apparat als (∫ 0278) angegeben (etwas verwirrend, weil die Klammern im Apparat gewöhnlich auf den Appendix verweisen, genau genommen verweisen die Klammern aber nur dann auf den Appendix, wenn die Subvariante nicht angegeben ist).

Diese Analyse zeigt, dass die Angaben sorgsam geprüft wurden und insbesondere Lesefehler, die bei Kollationen erkannt wurden, korrigiert wurden.

Ehemaliger Appendix III des NA27, Editionum Differentiae

Auf die Liste der Abweichungen zwischen den Druckausgaben von Tischendorf, Westcott/Hort, von Soden, Vogels, Merk, Bover und Nestle-Aland[25], die in der 27. Auflage enthalten war, wurde verzichtet.

Appendix III: Loci Citati vel Allegati

Der Verweisstellenapparat wurde gründlich überarbeitet und erweitert. Die 36 Seiten der 27. Auflage sind in der 28. Auflage auf 42 Seiten angewachsen. Wer gewohnheitsmäßig mit den Verweisen auf Parallelen arbeitet, die am äußeren Rand des griechischen Textes erscheinen, wird die Änderungen schnell wahrnehmen und schätzen. Wer im Unterricht auf diese Angaben verweist, wird allein aus diesem Grund nicht darum herumkommen, die lieb gewonnene 27. Auflage auszumustern.

Appendix IV: Signa et Abbreviationes

Die Erstausgabe des *Novum Testamentum Graece* von 1898 enthielt keine deutschen Erklärungen. Das Titelblatt und die vier Seiten Text, die am Ende der Ausgabe den Apparat erklärten, waren in lateinischer Sprache verfasst, und bis zur 25. Auflage (1975) wurde die Einleitung auch auf Latein gedruckt. Veränderungen im Ausbildungswesen haben dazu geführt, dass gute Lateinkenntnisse bei Studierenden oft nicht mehr vorausgesetzt werden können. Die Herausgeber der 28. Auflage reagieren auf diese Entwicklung, indem erstmals ein Abkürzungsverzeichnis beigegeben ist, in dem die in der Ausgabe verwendeten lateinischen Begriffe erklärt und sowohl ins Deutsche wie auch ins Englische übersetzt werden.

2. Die Grenzen des Novum Testamentum Graece

Die weite Verbreitung und der fast universelle Einsatz als Grundlage für moderne Bibelübersetzungen haben dazu geführt, dass die Öffentlichkeit und die Fachwelt das griechische Neue Testament oft nur in Form des Nestle-Aland wahrnehmen. Gelegentlich wird deshalb die Leistungsfähigkeit der Ausgabe überschätzt. Immer wieder weisen seine Herausgeber die Leserinnen und Leser darauf hin, dass es sich um eine Handausgabe handelt und dass man für vollständige Kollationen auf andere Ausgaben zugreifen muss (siehe Vorwort). Die *Editio Critica Maior* (ECM), deren Abschluss noch viele Jahre dauern wird, ist der Versuch einer solchen vollständigen wissenschaftlichen Ausgabe in Buchform.

Die bisherigen Teile dieses Buches haben die Stärken der Ausgabe beschrieben und durch Übungen, Fragen und Antworten in den Umgang mit der Ausgabe eingeführt. Im Folgenden geht es um die Grenzen dieser Handausgabe, um Missverständnisse zu vermeiden. Dabei wurde versucht, die Aussagen anhand konkreter Beispiele anschaulich zu machen.

Ein konkretes Anschauungsbeispiel: Röm 15,31 in $\mathfrak{P}^{46}$

Der Text von Röm 15,31 und der zugehörige Apparat sind in NA28 folgendermaßen wiedergegeben (514):

θεόν, **31** ἵνα ῥυσθῶ ἀπὸ τῶν ἀπειθούντων ἐν
τῇ Ἰουδαίᾳ καὶ ᵀ ἡ ⸀διακονία μου ἡ ⸂εἰς Ἰερουσαλὴμ
εὐπρόσδεκτος τοῖς ἁγίοις γένηται, **32** ἵνα ⸉ἐν χαρᾷ
ἐλθὼν⸊ πρὸς

• **31** ᵀ ινα $\aleph^2$ D^2 L Ψ 33. 104. 365. 1175. 1241. 1505 𝔐 f g sy^h; Ambst ¦ *txt* $\mathfrak{P}^{46}$ ℵ* A B C D* F G P 6. 81. 630. 1506. 1739. 1881 lat | ⸀δωροφορια B D* F G it; Ambst ¦ *txt* $\mathfrak{P}^{46}$ ℵ A C D^2 L P Ψ 33. 81. 104. 365. 630. 1175. 1241. 1505. 1506. 1739. 1881 𝔐 f g vg^{mss} sy co | ⸂εν B D* F G 1505 ¦ *txt* $\mathfrak{P}^{46}$ ℵ A C D^1 L P Ψ 33. 81. 104. 365. 630. 1175. 1241. 1506. 1739. 1881 𝔐 • **32** ⸉εν χαρα ελθω $\mathfrak{P}^{46}$ $\aleph^2$ B D F G L P Ψ 104. 1175. 1241 𝔐 ¦ ελθων εν χαρα ℵ* ¦ *txt* A C 6. 33. 81. 365. 630. 1505. 1506. 1739. 1881

Problemstellung

Die Herausgeber zählen $\mathfrak{P}^{46}$ zu den ständigen Zeugen, die für die Texterstellung des Römerbriefes herangezogen wurden (20*), und es ist im Anhang auch keine Lücke für die Textstelle in $\mathfrak{P}^{46}$ verzeichnet (794–795). Von den vier Stellen, an denen Varianten verzeichnet sind, unterstützt $\mathfrak{P}^{46}$ dreimal die im NA28-Text wiedergegebene Lesart und nur einmal eine im Apparat verzeichnete Variante (ελθω statt ελθων in 15,32). Rekonstruiert man auf dieser Grundlage den Wortlaut von $\mathfrak{P}^{46}$, so kommt man zu folgendem Ergebnis:

θεον ινα ϱυσθω απο των απειθουντων εν τη ιουδαια και η διακονια μου η εις ιεϱουσαλημ ευπϱοσδεκτος τοις αγιοις γενηται ινα εν χαϱα ελθω πϱος

Der eben rekonstruierte Textabschnitt sieht in $\mathfrak{P}^{46}$ (Textzeilen 5 bis 8, P.Mich.inv. 6238, 38 Verso) folgendermaßen aus:

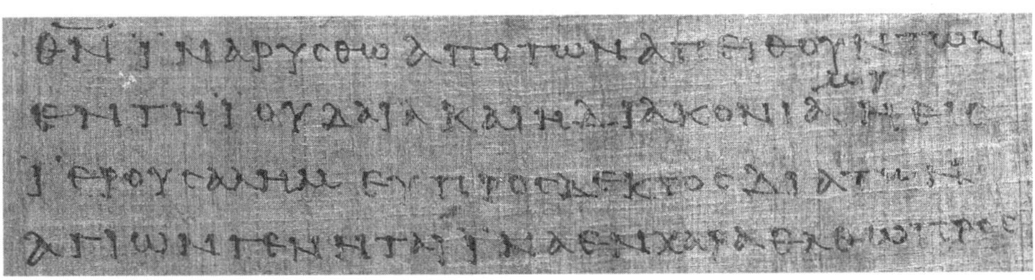

$\mathfrak{P}^{46}$: P.Mich.inv. 6238, 38; Verso (Röm 15,29–16,3)
Image digitally reproduced with the permission of the Papyrology Collection, Graduate Library, University of Michigan; Inventory number: P.Mich.inv. 6238.

Transkribiert man nun den Text zur Stelle, wie ihn 𝔓[46] bietet, so gelangt man zu folgendem Ergebnis:

θεον ινα ρυσθω απο των απειθουντων
εν τη ιουδαια και η διακονια (C: μου) η εις
ιερουσαλημ ευπροσδεκτος δια των
αγιων γενηται ινα εν χαρα ελθω προς

Dabei sei noch einmal daran erinnert, dass Besonderheiten einer bestimmten Handschrift bei Transkriptionen, die zur Kollation für den Apparat verwendet wurden, wegfallen. Dazu gehören das *nomen sacrum* $\overline{\theta\nu}$ in der ersten Zeile des Textabschnittes und das Trema über dem ersten Vokal von ϊουδαια, ϊερουσαλημ und ϊνα (zweimal).

Ein Vergleich der Transkription von 𝔓[46] mit der aus NA28 rekonstruierten Fassung ergibt Unterschiede: Statt δια των αγιων bietet NA28 τοις αγιοις in Röm 15,31, und statt ελθω bietet NA28 ελθων in Vers 32. Die zweite Variante ist im Apparat notiert, nicht aber die erste Variante.

Interpretation
Handelt es sich also um einen Fehler in NA28? Nein, sondern diese Beispiel illustriert noch einmal, dass die Herausgeber der Ausgabe eklektisch verfahren: Sowohl die Zeugen, die verglichen werden, als auch die Stellen, an denen sie verglichen werden, stellen eine durch die Herausgeber getroffene Auswahl dar.

Drei Schlussfolgerungen
Was heißt das für Benutzerinnen und Benutzer der Ausgabe?

Es heißt zum einen, dass man an Stellen im Text der Ausgabe, an denen keine Variante angegeben ist, nicht davon ausgehen darf, dass der Text einheitlich überliefert ist. Tatsächlich ist 𝔓[46] nicht die einzige Handschrift, die eine Variante zu τοις αγιοις γενηται aufweist. So haben die drei ständigen Zeugen D F G an dieser Stelle eine Umstellung: γενηται τοις αγιοις (F. G. Kenyon, *The Chester Beatty Biblical Papyri: Pauline Epistles*. III Supplement, Text. London: Emery Walker, 1936. Fol. 20 v., S. 18).

Zweitens darf man nicht davon ausgehen, dass alle Varianten, die von den ständigen Zeugen geboten werden, in der Ausgabe verzeichnet sind. Die Auswahl der Stellen erhebt also nicht den Anspruch, alle Abweichungen innerhalb der ständigen Zeugen zu dokumentieren.

Drittens: Stößt man bei der Transkription einer Handschrift auf eine Variante, die in der Ausgabe nicht verzeichnet ist, so muss man damit rechnen, dass diese Variante auch in anderen Handschriften überliefert ist.

Auswahl von Handschriften

Die Entscheidung, welche Handschriften als ständige Zeugen herangezogen werden, beeinflusst wesentlich die Qualität des rekonstruierten Ausgangstextes. Eine andere Auswahl von Handschriften hätte zwangsläufig zu einer anderen Rekonstruktion geführt. Die Beweggründe, die zur Auswahl der ständigen Zeugen geführt haben, werden in der Einführung nur kurz erwähnt (9*). Sie erfolgen seit der 26. Auflage aufgrund von Teststellenkollationen. Im Falle von NA28 bietet der Konsens der Expertenkommission ein gewisses Korrektiv gegenüber subjektiven Entscheidungen und Vorlieben.

Die Herausgeber von NA28 geben – abgesehen von den allgemeinen Bemerkungen zu den Katholischen Briefen (7* f.) – keine Rechenschaft darüber, welche Kriterien an den einzelnen Textstellen angesetzt wurden. Dies würde auch den Rahmen einer Handausgabe sprengen. Hinweise auf die Diskussion der Herausgeber älterer Ausgaben sind zu finden in: Bruce Metzger, *A Textual Commentary on the Greek New Testament* (2. Auflage; Stuttgart: Deutsche Bibelgesellschaft, 1994).

NA28 dokumentiert mit seiner Auswahl von »ständigen Zeugen« demnach zwar das Ergebnis der Arbeit einer Expertenkommission, nicht aber den Weg und die Kriterien, die zu dieser Auswahl von Handschriften geführt haben. Hilfreich ist für diese Frage B. u. K. Aland, *Text des NT* (2. erg. und erw. Auflage; Stuttgart: Deutsche Bibelgesellschaft, 1989). Dort findet sich ein ausführliche Kategorisierung der neutestamentlichen Handschriften (S. 94–171; 248–256), die die theoretische Grundlage der Vorgängerausgaben bildete.

Auswahl von Textstellen

Ähnliches gilt für die Auswahl der Stellen, an denen Varianten verzeichnet sind. Die ersten Ausgaben des *Novum Testamentum Graece* verglichen Druckausgaben und dokumentierten nur die Stellen, an denen die Druckausgaben voneinander abwichen. Dadurch erklärte sich die Auswahl der Stellen, an denen Varianten angegeben wurden. Im Laufe der Jahre wurde der Apparat konsequent dahin umgearbeitet, dass er die Bezeugung der Handschriften verzeichnete und nicht bloß Druckausgaben verglich. Obwohl die Anzahl der Stellen, an denen ein Apparat erstellt wurde, im Laufe der Jahre zugenommen hat, wurde in den älteren Ausgaben nicht erklärt, von wem, wann und warum diese und nicht andere Textstellen ausgewählt wurden. Auch die 28. Auflage gibt darüber keine Auskunft.

Der Umgang mit Lücken in Handschriften

Der Umgang mit Lücken in Handschriften lässt sich am besten an einem konkreten Beispiel verdeutlichen.

Der untere Rand der Beispielseite aus $\mathfrak{P}^{46}$ ist nicht vollständig erhalten. Es fehlt Text am rechten Rand der Seite, und die unterste Zeile wirkt ausgefranst.

Röm 16,2-4 in $\mathfrak{P}^{46}$

$\mathfrak{P}^{46}$: P.Mich.inv. 6238, 38; Verso (Röm 15,29–16,3)
Image digitally reproduced with the permission of the Papyrology Collection, Graduate Library, University of Michigan; Inventory number: P.Mich.inv. 6238.

Transkription

In Kenyons kritischer Ausgabe der Handschrift werden die untersten Zeilen der Buchseite folgendermaßen transkribiert:

χρηζη πραγματι και γαρ αυτη̣ [προστατις
και αλλων πολλων εγεν[ηθη και εμου αυτου
3 ασ]πασασθε πρεισκαν κ̣[αι ακυλαν τους
4 [συνεργους μου εν χ̅ρ̅ω̅ ι̅η̅υ̅ οιτινες υπερ]

F. G. Kenyon, *The Chester Beatty Biblical Papyri: Pauline Epistles*. III Supplement, Text. London: Emery Walker, 1936. Fol. 20 verso., S. 18

Sowohl am Anfang wie auch am Ende der letzten sichtbaren Zeile fehlen Buchstaben. Vergleicht man den Text mit dem Text aus anderen Handschriften, muss ferner angenommen werden, dass eine ganze Textzeile physikalisch verloren gegangen ist.

Text in NA28

χρῄζῃ πράγματι· καὶ
γὰρ ⸀αὐτὴ ⸂προστάτις πολλῶν ἐγενήθη καὶ ἐμοῦ αὐτοῦ⸃.
3 Ἀσπάσασθε ⸀Πρίσκαν καὶ Ἀκύλαν τοὺς συνεργούς
μου ἐν Χριστῷ Ἰησοῦ⸆, **4** οἵτινες ὑπὲρ

NA28, S. 515

Für Röm 16,3 werden zwei Varianten notiert. Πρισκαν wird in einigen Zeugen als Πρισκιλλαν wiedergegeben. Und nach Χριστω Ιησου haben einige Handschriften eine Ergänzung, oder genauer gesagt: Sechs Wörter aus Röm 16,5 (και την κατ οικον αυτων εκκλησιαν) werden an diese Stelle verschoben. Beide Varianten haben einen sogenannten »negativen« Apparat, d. h., die Zeugen für den Text werden nicht aufgezählt, sondern es »wird nur die Bezeugung *contra textum* geboten« (11*).

• **3** ⸀Πρισκιλλαν 81. 365. 614. 629. 630. 945. 1505. 1881^{c} ar m vg^{mss} sy (bo^{pt}); Ambst | ⸆ και την κατ οικον αυτων εκκλησιαν D$^{*.2}$ F G ar m

Es liegt in solchen Fällen nahe anzunehmen, dass alle ständigen Zeugen, für die im Anhang an dieser Stelle keine Lücke notiert ist, die Variante der Textzeile bieten. Hier ist nun Vorsicht angesagt. In Appendix I wird für 𝔓^{46} zwischen Röm 15,11–16,27 keine Lücke notiert (794). Ein flüchtiger Blick auf die Seiten des 𝔓^{46} zeigt aber, dass auf den sechs Seiten mit Text von Röm 15,11–16,27 (Kenyon, 16–21: fol. 19–21 verso und recto) die unteren Zeilen oft unvollständig sind, wobei die unterste Zeile – wie auf unserer Beispielseite – sogar regelmäßig völlig fehlt.

So ergibt sich der eigenartige Befund, dass die Schlussfolgerung für die erste Variante, dass nämlich 𝔓^{46} Πρισκαν bietet, korrekt wäre, für die zweite Variante ist dies aber nicht ganz so klar, da die gesamte Zeile in $\mathfrak{P}^{46}$ fehlt.

Was heißt das nun für Benutzerinnen oder Benutzer der Ausgabe? Ist man am Wortlaut einer bestimmten Handschrift zur Stelle interessiert, reichen die Angaben im Apparat nicht aus. Das gilt besonders für stark fragmentierte Handschriften. Man darf nicht davon ausgehen, dass alle Lücken in einer Handschrift verzeichnet sind. Insbesondere bei negativem Apparat ist daher Vorsicht geboten. Sobald ein wichtiges Argument auf dem Wortlaut einer bestimmten Handschrift basiert, wird man die Lesart anhand einer kritischen Ausgabe, anhand von Fotos oder am Original prüfen müssen.

Eine präzise Rekonstruktion des Wortlautes einer Handschrift ist mithilfe der Ausgabe also auch aus diesem Grunde häufig nicht möglich – ganz abgesehen davon, dass auch die Orthografie, Fehlerlesarten, unlesbare Stellen, Lücken und andere Besonderheiten einer Handschrift nicht mit Sicherheit eruiert werden können. Solche Angaben sind nur in Auswahl notiert.

Lokal-genealogische Methode

Die Methodologie, die die Herausgeber bei ihrer Entscheidung geleitet hat, welche Lesart in den Text und welche in den Apparat gehört, wird nicht näher beschrieben. Die Bezeichnung der Methode, die in der Vergangenheit für die Arbeit am Nestle-Aland benutzt wurde, nämlich die »lokal-genealogische« Methode, wird in der 28. Auflage nicht verwendet.

Es handelte sich bei der lokal-genealogischen Methode um den Versuch, an allen Stellen, an denen Varianten verzeichnet wurden, einen Stammbaum der Varianten, ein sogenanntes *Stemma*, zu bilden, das beschreibt, welche Lesart sich aus welcher Lesart entwickelt hat. Üblicherweise werden Stemmata für Handschriften konstruiert, nicht für Varianten. Wegen der großen Zahl erhaltener Handschriften mit neutestamentlichem Text lässt sich die Überlieferung bisher aber nicht als Stemma beschreiben. Da ein Stemma von Handschriften typischerweise auf einer genealogischen Analyse sogenannter Leitvarianten beruht, bestand die Hoffnung, dass eine statistische Auswertung der Anzahl »ursprünglicher« Lesarten einer Handschrift die Nähe dieser Handschrift zum Ausgangstext beschreiben konnte (siehe zur lokal-genealogischen Methode und den darauf basierenden »Kategorien« von Handschriften: Kurt u. Barbara Aland, *Der Text des Neuen Testaments*, 2. erg. und erw. Aufl.; Stuttgart: Deutsche Bibelgesellschaft, 1989).

Kohärenzmethode

Die Kohärenzmethode führt die lokal-genealogische Methode konstruktiv weiter und trägt in den neuen Textentscheidungen innerhalb der Katholischen Briefe erste Früchte. Die Methode, deren voller Name »Coherence-Based Genealogical Method (CBGM)« oder »Kohärenzbasierte Genealogische Methode« lautet (9*), wird in NA28 nicht näher erklärt. Die Herausgeber verweisen auf folgenden ausführlichen Aufsatz von Gerd Mink, der sich im Rahmen seiner langjährigen Arbeit am Institut für Neutestamentliche Textforschung in Münster intensiv mit methodischen Fragen auseinandergesetzt hat (7* Anm. 3): Gerd Mink, »Contamination, Coherence, and Coincidence in Textual Transmission: The Coherence-Based Genealogical Method (CBGM) as a Complement and Corrective to Existing Approaches«. In: K. Wachtel and M. Holmes (ed.), *The Textual History of the Greek New Testament* (SBL Text-Critical Studies 8), Atlanta 2011, 141–216.

Eine Grundeinsicht der Kohärenzmethode ist, dass das Ziel der textkritischen Arbeit, der sogenannte Ausgangstext, von dem alle anderen Textformen abzuleiten sind, ein virtueller Text ist, der so in keiner Handschrift erhalten ist. Konsequenterweise kann man deshalb auch bei der Stemmabildung von Handschriften immer wieder eine solche virtuelle, nicht erhaltene Mutter-Handschrift annehmen, von der andere abhängig sind. Der virtuelle Ausgangstext wird als Zeuge genauso behandelt wie eine erhaltene Handschrift.

Eine andere grundsätzliche Einsicht der Kohärenzmethode ist, dass der Text der Handschriften kontaminiert ist. Das heißt, dass sich im Laufe der Überlieferung häufig Varianten aus einer Handschriftentradition mit Varianten aus einer anderen Handschriftentradition vermischten und man daher auch in Zukunft nicht mit einer sauberen Stemmabildung im herkömmlichen Sinn wird rechnen können.

Erstmals in der Geschichte der textkritischen Forschung kann die Fülle der Varianten heute umfassend mithilfe elektronischer Medien beschrieben werden. Die Datenfülle wartet nun auf die angemessene Interpretation. Die Kohärenzmethode versteht sich als ein kontrollierter methodischer Zugang zu den erfassten Daten. Je nachdem, welche philologischen Kriterien angewandt werden, um lokal-genealogische Abhängigkeiten zu beschreiben, ändert sich auch das Ergebnis, das das Verhältnis von zwei oder mehreren oder allen Handschriften zueinander bestimmt, die sogenannte genealogische Kohärenz.

Es handelt sich bei der Kohärenzmethode also um eine »Meta-Methode«, die den Zugang und die Auswertung des reichen Datenmaterials erleichtern soll. Ohne die gesamte handschriftliche Tradition als Stemma beschreiben zu müssen, verspricht sie, das Abhängigkeitsverhältnis einzelner Handschriften zueinander methodisch kontrolliert darzustellen. Die Kohärenzmethode fällt also keine Textentscheidungen. Ein grobes Missverständnis wäre es daher, die Kohärenzmethode als eine Lösung zu verstehen, in der der Computer automatisch aus allen erhaltenen Varianten den Ausgangstext der kritischen Ausgabe des Neuen Testamentes erzeugt.

Das Institut für Neutestamentliche Textforschung stellt der interessierten Öffentlichkeit ein Portal zur Verfügung, um mit diesem Zugang zu experimentieren (http://intf.uni-muenster.de/cbgm/en.html).

Die nächsten Jahrzehnte werden zeigen, ob sich die Kohärenzmethode in der Fachwelt durchsetzen wird. Die Transparenz der Daten und die Dokumentation der methodischen Überlegungen sind ein wichtiger Schritt, der eine konstruktive Diskussion ermöglicht. Trotzdem sollte den Leserinnen und Lesern des Nestle-Aland bewusst sein, dass ein anderer methodischer Ansatz zwangsläufig auch einen anderen kritischen Text zur Folge hat.

Anhang: Didaktische Anregungen

In den folgenden Beispielen wird der Umgang mit dem Apparat anhand einiger Texte eingeübt, die exegetische Probleme aufweisen (Texte aus der Gute Nachricht Bibel).

Die Frau schweige in der Gemeinde

Ein oft zitierter Abschnitt aus dem 1. Korintherbrief lautet:

> Die Frauen sollen in euren Versammlungen schweigen. Sie dürfen nicht lehren, sondern sollen sich unterordnen, wie es auch das Gesetz vorschreibt. Wenn sie etwas wissen wollen, sollen sie zu Hause ihren Ehemann fragen. Denn es schickt sich nicht für eine Frau, dass sie in der Gemeindeversammlung spricht.

Im Folgenden ist der Kontext dieses Abschnitts wiedergegeben. Es ist eine interessante Aufgabe zu versuchen, diejenige Stelle zu identifizieren, an der der gerade zitierte Abschnitt entfernt wurde.

> Vielleicht erhält von diesen andern, die dabeisitzen, jemand eine Botschaft, während gerade einer spricht; dann soll der Erste aufhören. Ihr könnt doch alle der Reihe nach sprechen. Dann werden alle etwas lernen und alle werden ermutigt werden. Die prophetisch Begabten werden von ihren Eingebungen nicht überwältigt, sondern haben es selbst in der Hand, wann und wie sie sie weitergeben. Gott liebt doch nicht die Unordnung, sondern er schafft Frieden! So ist es in allen christlichen Gemeinden üblich. Ist denn die Botschaft Gottes von euch in die Welt ausgegangen? Oder ist sie nur zu euch gekommen? Wer von euch meint, die Prophetengabe zu besitzen oder vom Geist Gottes erfüllt zu sein, muss auch einsehen, dass meine Anweisungen vom Herrn kommen. Wer das nicht anerkennt, wird auch von Gott nicht anerkannt.

> Meine Brüder und Schwestern, bemüht euch also um die Gabe der prophetischen Rede, hindert aber auch niemand daran, in unbekannten Sprachen zu reden. Nur soll alles anständig und geordnet zugehen.

Der Text legt nahe, dass Gemeindeglieder, die die Gabe der Prophetie haben, nacheinander reden, damit alles seine Ordnung hat. Die Aufgabe dient dazu, deutlich zu machen, wie sehr der oben aufgeführte Abschnitt (»Die Frauen sollen in euren Versammlungen schweigen ...«) die Argumentationsstruktur stört. Dies führt in der Regel zu einer angeregten Diskussion. Anschließend können die vorgeschlagenen Lösungen mit einer beliebigen Bibelausgabe verglichen werden (1 Kor 14,30-40; Vers 33b wurde oben dem Kontext angepasst).

Als nächster Schritt kann ein Foto der entsprechenden Seite aus dem Codex Boernerianus (G 012) zur Verfügung gestellt werden.[1] Diese Aufgabe eignet sich gut zur Gruppenarbeit oder als Hausaufgabe und ist wohl am besten durch Hinzuziehung des Nestle-Aland als Transkriptionshilfe zu lösen, was wiederum zur Einarbeitung in die Ausgabe motiviert.

Der Apparat des Nestle-Aland zur Stelle notiert, dass außer der Handschrift G noch zwei weitere griechische Handschriften (D und F) den Abschnitt nicht nach 1 Kor 14,33 sondern nach 1 Kor 14,40 bieten. Interpretationsvorschläge, die von Studierenden diskutiert werden können, reichen von späterer Einfügung von fremder Hand bis hin zu redaktioneller Umstellung. Für die erste Lösung spricht, dass der Text 1 Kor 14,34-35 auffallende Ähnlichkeiten mit 1 Tim 2,11-12 aufweist, worauf der Parallelstellenapparat am rechten Rand des Nestle-Aland verweist. Es wäre also möglich, dass dieselben Redaktoren, die den 1. Timotheusbrief in die Paulusbriefsammlung aufgenommen haben, diesen Einschub formulierten. Für einen redaktionellen Eingriff spricht, dass zum Beispiel auch im Römerbrief solche Umstellungen durch die Handschriftengruppe D F G erfolgt sind, um den Textfluss zu verbessern (Röm 16,3-5; 16,16b wird nach 16,21 verschoben; 16,20b wird nach 16,24 geordnet).

---

[1] Die Sächsische Landes- und Universitätsbibliothek Dresden stellt eine vollständige photographische Ausgabe der Handschrift auf ihrem Webportal zur Verfügung: http://digital.slub-dresden.de/id274591448, vgl. dort Bl. [83]-37 oben.

Der Himmelfahrtsbericht im Lukasevangelium

Manche Bibelausgaben haben eine Anmerkung zu Lk 24,51, wonach die Worte »und er fuhr auf in den Himmel« in einigen Handschriften fehlen. Exegetisch ist die Himmelfahrt im Lukasevangelium problematisch, weil Orts- und Zeitangaben von der Erzählung in der Apostelgeschichte abweichen. Im Lukasevangelium fährt Jesus am Ostersonntag von Betanien aus in den Himmel auf (Lk 24,50), während in der Apostelgeschichte die Himmelfahrt Jesu 40 Tage nach Ostern auf dem Ölberg erfolgt (Apg 1,3.12). Sollte die Himmelfahrt im Lukasevangelium fehlen, löst sich das exegetische Problem von alleine.

Der Apparat des Nestle-Aland verzeichnet, dass in der ersten Hand des Codex Sinaiticus (א*) die entsprechenden griechischen Wörter και ανεφερετο εις τον ουρανον fehlen. Eine Fotografie der Seite des Codex Sinaiticus, die die Auslassung enthält, ist über das Webportal der British Library zugänglich (codexsinaiticus.org). Der im Apparat beschriebene Befund, dass die vier Worte nachträglich ergänzt wurden, lässt sich dort leicht nachvollziehen, da diese Worte am oberen Rand auf der Seite nachgetragen wurden.

Die Frage, der hier mit Studierenden nachgegangen werden kann, ist, ob es sich bei der Auslassung nur um einen Flüchtigkeitsfehler handelt, oder ob sie tatsächlich eine alte, vielleicht sogar die älteste erhaltene Lesart darstellt. Für einen Fehler spricht, dass der darauf folgende Text mit denselben vier Buchstaben beginnt, mit denen auch die Auslassung beginnt.

> και ανεφερετο εις τον ουρανον
> και αυτοι ...

Es könnte also durchaus sein, dass das Auge des Schreibers beim Lesen eine Zeile übersprungen hat. Für eine alte Lesart spricht dagegen, dass sich diese Variante auch in alten Übersetzungen (it sy^{s}) findet.

Eine alternative Rezension der Apostelgeschichte

Beim Durchblättern der Apostelgeschichte im Nestle-Aland fällt auf, dass immer wieder lange Varianten verzeichnet sind, z. B. Apg 1,9; 2,1; 3,11-12 etc. Bei näherer Betrachtung fällt außerdem auf, dass diese Lesarten in der Regel aus einer einzigen Handschrift stammen, dem Codex Bezae Cantabrigiensis aus dem fünften Jahrhundert (D 05). Auch für diesen wohl rätselhaftesten Zeugen der Evangelien und der Apostelgeschichte stehen der Öffentlichkeit Fotografien zur Verfügung (cudl.lib.cam.ac.uk/collections/christian).

Eine reizvolle Aufgabe besteht darin, Studierende aufzufordern, diese Zusätze miteinander in Verbindung zu setzen und Gemeinsamkeiten herauszufinden. Oft versuchen diese Varianten etwas zu erklären, das im Text nicht klar ausgedrückt wird. Als Beispiel mag Apg 19,9 dienen: »Als sie die neue Lehre vor der ganzen Versammlung verspotteten, kehrte Paulus ihnen den Rücken und löste die Jünger und Jüngerinnen aus der Synagogengemeinde. Von nun an sprach er täglich im Lehrsaal eines Griechen namens Tyrannus.« Der Apparat zur Stelle verzeichnet Codex D hier mit der Ergänzung τινος απο ωρας πεμπτης εως δεκατης (»von der fünften bis zur zehnten Stunde«, d.h. von 11 bis 16 Uhr). Diese Lesart scheint zu erklären, warum Paulus Zugang zum Lehrsaal hatte: In der Mittagshitze stand der Saal leer.

Lösungen zu den Aufgaben im Text

I. Aufbau und Intention der Ausgabe

Exkurs: Für Benutzerinnen und Benutzer ohne Griechischkenntnisse

Leseübung (S. 18)

a) Ο ασπασμος τη εμη χειρι Παυλου. ει τις ου φιλει τον κυριον, ητω αναθεμα. μαρανα θα. η χαρις του κυριου Ιησου μεθ' υμων. η αγαπη μου μετα παντων υμων εν Χριστω Ιησου.

b) ʽΟ ασπασμος τη εμη χειρι Παυλου. ει τις ου φιλει τον κυριον, ητω αναθεμα. μαρανα θα. ʽη χαρις του κυριου Ιησου μεθ' ʽυμων. ʽη αγαπη μου μετα παντων ʽυμων εν Χριστω Ιησου.

c) ʽ**Ο** ασπασμος τη εμη χειρι Παυλου. ει τις ου φιλει τον κυριον, ητω αναθεμα. μαρανα θα. ʽ**η** χαρις του κυριου Ιησου μεθ' ʽ**υ**μων. ʽ**η** αγαπη μου μετα παντων ʽ**υ**μων εν Χριστω Ιησου.

d) Die Aussprache sollte folgendermaßen klingen, der Akzent ´ zeigt die Silbe an, die die Betonung trägt:
Ho aspasmós t´ä em´ä cheirí Paúluh. Eí tis uh filäí tón k´ürion, ´ätoh anátema. Marána tá. Hä cháris túh küríuh läsúh met hümóhn. Hä agápä muh metá pántohn hümóhn en Christóh läsúh.

Schreibübung (S. 19)

b) Ο ΑΣΠΑΣΜΟΣ ΤΗ ΕΜΗ ΧΕΙΡΙ ΠΑΥΛΟΥ. ΕΙ ΤΙΣ ΟΥ ΦΙΛΕΙ ΤΟΝ ΚΥΡΙΟΝ, ΗΤΩ ΑΝΑΘΕΜΑ. ΜΑΡΑΝΑ ΘΑ. Η ΧΑΡΙΣ ΤΟΥ ΚΥΡΙΟΥ ΙΗΣΟΥ ΜΕΘ ΥΜΩΝ. Η ΑΓΑΠΗ ΜΟΥ ΜΕΤΑ ΠΑΝΤΩΝ ΥΜΩΝ ΕΝ ΧΡΙΣΤΩ ΙΗΣΟΥ.

3. Annäherung an das Novum Testamentum Graece: Betrachtung einer Druckseite (S. 21 f.)

b) 46-52: Mt 20,29-34 L 18,35-43 / Mt 9,27-31

d) Die vier griechischen Wörter »Καὶ ἔρχονται εἰς Ἰεριχώ« fehlen in der ursprünglichen Fassung des Codex Vaticanus (B*) und in einer sahidischen Handschrift ($\mathrm{sa}^{\mathrm{ms}}$).

4. Der Aufbau der Ausgabe

4.1 Einführung und Hauptteil mit Text und Apparat (S. 23–25)

a) Text:
Judas, °ein Knecht Jesu Christi °1und Bruder des Jakobus, an die Berufenen, die ⸂geliebt sind in Gott, dem Vater,⸃ und °2bewahrt für Jesus Christus⸆: □Gott gebe euchˋ ⸂1viel Barmherzigkeit und⸃1 Frieden und Liebe⸆1!
Apparat:
° E | °1 E | ⸂von Gott, dem Vater, geliebt E | °2 E | ⸆bestimmt und bewahrt sind E | □E | ⸂1 Erbarmen E | ⸆1seien mit euch in Fülle E

b) Judas, Knecht Jesu Christi und Bruder des Jakobus, an die Berufenen, die in Gott, dem Vater, geliebt und für Jesus Christus bewahrt sind: Barmherzigkeit sei mit euch und Friede und Liebe in Fülle.

c) Judas, °ein Knecht Jesu Christi °1und Bruder des Jakobus, an die Berufenen, die ⸂geliebt sind in Gott, dem Vater,⸃ und °2bewahrt für Jesus Christus⸆: □Gott gebe euch vielˋ ⸂1Barmherzigkeit und⸃1 Frieden und Liebe⸆1!
° E Z | °1 E | ⸂ von Gott, dem Vater, geliebt E ¦ in Gott, dem Vater, geliebt Z | °2 E Z | ⸆ bestimmt und bewahrt sind E ¦ bewahrt sind Z | □ E Z | ⸂1 Erbarmen E ¦ Barmherzigkeit sei mit euch und Z | ⸆1 seien mit euch in Fülle E ¦ in Fülle Z

d) Papyrus: 𝔓^{56c}. Majuskeln: א A B C* Ψ. Minuskeln: 81. 323. 945. 1175. Übersetzung: lat. Zitat: Eus.

4.2 Anhänge (S. 29f.)

a) Es fehlen das Ende des Hebräerbriefes (ab Hb 9,14), 1.Timotheusbrief, 2.Timotheusbrief, Titusbrief und Philemon. Da von den vier Teilen des Neuen Testamentes (e a p r) »r« nicht genannt ist, fehlt ebenfalls die Offenbarung des Johannes.

b) Die Antwort auf diese Frage findet sich in der vierten Spalte. Wenn ein Großbuchstabe mehr als einmal verwendet wird, liegt dies daran, dass er verschiedenen Handschriften zugewiesen wurde, in denen unterschiedliche Sammlungseinheiten (e a p r) enthalten sind. So enthält D 05 die Evangelien (e) und den Band mit der Apostelgeschichte und der Katholischen Briefsammlung (a), während D 06 eine Abschrift der Paulusbriefsammlung (p) darstellt. Es wird also von den Benutzerinnen und Benutzern der Ausgabe erwartet, dass sie sich im Anhang selbst darüber informieren, ob ein Großbuchstabe für mehr als eine Handschrift vergeben wurde.

c) Die Angaben finden sich auf Seite 802 und lauten: *Γ 036 / X / Oxford, Bodl. Libr., Auct. T. inf. 2.2; St. Petersburg, Ross. Nac. Bibl., Gr. 33 / e (vac. Mt 5,31–6,16; 6,30–7,26; 8,27–9,6; 21,19–22,25; Mc 3,34–6,21).
Eine Auflösung dieser Angaben in ganzen Sätzen, die nur die Information verwendet, die aus NA28 zu ermitteln ist (also die Abkürzungen der Bibliotheken nicht auflöst und auch keine Aussagen macht, welche Teile der Handschrift in welcher Bibliothek liegen), könnte folgendermaßen lauten:
Bei der Majuskel Γ 036 handelt es sich um eine Abschrift der vier Evangelien, in der folgende Texte fehlen: Mt 5,31–6,16; 6,30–7,26; 8,27–9,6; 21,19–22,25; Mk 3,34–6,21. Ein Teil der Handschrift ist heute in Oxford aufbewahrt (Bodl. Libr., Auct. T. inf. 2.2), ein anderer Teil in St. Petersburg (Ross. Nac. Bibl., Gr. 33). Sie wird im Anhang in das 10. Jahrhundert datiert.

d) Im Abschnitt »Die syrischen Übersetzungen« (29*).

e) In den Abschnitten »Die Darbietung von Varianten und Zeugen« (15*) und »Die Zitate bei den Kirchenvätern« (36*).

6. Einige Fragen zum Schluss (S. 33)

a) (1) Griechische Handschriften (Papyri, Majuskeln, Minuskeln, Lektionare), (2) Übersetzungen, (3) Zitate.

b) In der Einführung werden sie ausführlich erklärt, und in Appendix IV werden sie übersichtlich zusammengefasst.

c) Im Anhang (Appendix I).

d) Codex Sinaiticus (א 01), 4. Jh., British Library in London.
Codex Alexandrinus (A 02), 5. Jh., British Library in London.
Codex Vaticanus (B 03), 4. Jh., Vatikanische Apostolische Bibliothek in Rom.
Codex Ephraemi rescriptus (C 04), 5. Jh., Nationalbibliothek in Paris.

II. Übungen und Verständnishilfen

1. Fragen zur Einleitung der Ausgabe

Vorwort (S. 34)

a) Die Katholischen Briefe stellen eine grundsätzliche Neukonzeption dar.

b) Die Verweise auf Parallelen, die im äußeren Rand notiert sind, wurden für die gesamte Ausgabe neu bearbeitet.

Zur Geschichte der Ausgabe: Die 28. Auflage (S. 35)

a) Es wurden zwei Ziele verfolgt: (1) Der Apparat sollte übersichtlicher und einfacher benutzbar werden. (2) Die Erkenntnisse und Entscheidungen, die sich aus der Arbeit an der *Editio Critica Maior* ergeben haben, sollten integriert werden.

b) Weil die Textentscheidungen, die sich aus der Arbeit an der *Editio Critica Maior* der Katholischen Briefe ergeben haben, von den Entscheidungen der vorherigen 27. Auflage an einigen Stellen abweichen.

c) Die Tabelle zählt 33 Stellen auf, an denen sich Textänderungen gegenüber der 27. Auflage ergeben haben.[1]

d) Mit dem Rhombus ♦ werden Stellen markiert, an denen die Herausgeber die Entscheidung offenließen, welche Variante den Ausgangstext bietet.

e) Es lautet: Byz.

Der Text der Ausgabe (S. 35)

a) Ein eklektischer Text wird aus den überlieferten Varianten mithilfe einer Kombination von äußeren und inneren Kriterien rekonstruiert.

b) Als innere Kriterien werden genannt: Zusammenhang des Textes, grammatikalische Struktur, stilistische, sprachliche wie auch theologisch-inhaltliche Eigentümlichkeiten. Als äußere Kriterien werden aufgeführt: Qualität und Verlässlichkeit der für eine Lesart sprechenden Zeugen oder Zeugengruppen.

---

[1] Im 1. Druck 2012 wurden 34 Textänderungen aufgelistet, weil hier versehentlich eine Änderung in der Orthografie (ἀλλ᾽ statt ἀλλά in 1 Pt 2,25), die sich einer Vereinheitlichung im Nestle-Aland verdankt, zu den Textänderungen gezählt wurde.

c) Kohärenzmethode.

d) Die eckigen Klammern zeigen an, dass die Herausgeber für den eingeklammerten Abschnitt offenlassen mussten, ob er zum Ausgangstext gehört oder nicht. In den Katholischen Briefen sind solche Stellen mit einem Rhombus ♦ gekennzeichnet.

e) Die doppelten eckigen Klammern zeigen an, dass der eingeschlossene Textabschnitt nach Ansicht der Herausgeber mit Sicherheit nicht zum Ausgangstext gehört.

f) Alttestamentliche Zitate sind in Kursivdruck gesetzt.

Der kritische Apparat (S. 35–37)

a) Bei positivem Apparat werden sowohl die Zeugen genannt, die den Text des Nestle-Aland bieten, als auch die Zeugen, die Varianten dazu belegen. Bei negativem Apparat werden nur die Zeugen genannt, die einen Text lesen, der vom Text des Nestle-Aland abweicht.

b) Interpunktionsvarianten.

c) Umstellungen werden durch die kritischen Zeichen ⸉...⸊ markiert. Eine Umsetzung eines Wortes oder Textabschnittes an den im Apparat angegebenen Platz wird durch ⸉ angezeigt.

d) Der fett gesetzte Punkt vor der ebenfalls fett ausgezeichneten Verszahl soll helfen, den nächsten Apparatabschnitt leichter zu identifizieren.

e) In Appendix II.

f) Interpunktionsvarianten.

g) Begonnen wird immer mit folgenden Versionen in folgender Reihenfolge: lateinisch, syrisch, koptisch.

h) Bitte vergleichen Sie Ihre Antwort mit der Aufzählung und Erklärung der Exponenten auf den Seiten 14*–15* von NA28.

i) 𝔐 wird nur außerhalb der Katholischen Briefe verwendet und bezeichnet die Variante, die in der Mehrheit der Handschriften erhalten ist. pm (*permulti* = sehr viele) wird anstelle des Sigels 𝔐 verwendet, wenn die Mehrheit der Handschriften in zwei oder drei Varianten mit zahlenmäßig etwa gleich starker Bezeugung gespalten ist. Byz ersetzt das Sigel 𝔐 in den Katholischen Briefen und bezeichnet historisch präziser nur Handschriften, die dem Hauptstrom der byzantinischen Überlieferung zuzuordnen sind. Byz^{pt} wird an den Stellen verwendet, an denen die byzantinische Überlieferung gespalten ist.

j) Mit »p)« werden Varianten gekennzeichnet, die nach Ansicht der Herausgeber wahrscheinlich auf den Wortlaut der Parallele in einem anderen kanonischen Evangelium zurückzuführen und deshalb wohl nicht Teil des Ausgangstextes sind.

k) Die drei Gruppen sind: a) ständige Zeugen, b) häufig zitierte Handschriften, c) gelegentlich zitierte Handschriften.

l) Die Sigel lauten: f^1 und f^{13}.

m) $\mathfrak{M}^A$ bezeichnet die große Zahl von Handschriften, die den Text der Offenbarung innerhalb des Andreas-Kommentares überliefern. $\mathfrak{M}^K$ bezeichnet reine Texthandschriften. (Das hochgestellte K ist ein terminologisches Überbleibsel früherer Nestle-Ausgaben, in denen Handschriften, die später dem Mehrheitstext $\mathfrak{M}$ zugeordnet wurden, als »Koine«-Handschriften und mit dem Sigel $\mathfrak{K}$ bezeichnet wurden.)

n) Der Schwerpunkt liegt auf der lateinischen, syrischen und koptischen Überlieferung.

o) Es wird unterschieden zwischen Handschriften mit sogenannten »altlateinischen« Übersetzungen, die vom 2. Jahrhundert an entstanden, und Handschriften, die die Vulgata enthalten, eine Übersetzung, die die mittelalterliche Überlieferung dominiert und die traditionell mit der Übersetzungsarbeit des Hieronymus (4.–5. Jahrhundert) in Verbindung gebracht wird.

p) In der Handschriftenliste, Appendix I, Abschnitt B: Codices Latini (815–820) werden in der ersten Spalte unter »ms. nr.« neben den Kleinbuchstaben auch die einschlägigen Nummern notiert.

q) Zitate werden nur dann notiert, wenn die Herausgeber überzeugt sind, dass es sich dabei um indirekte Bezeugungen tatsächlich existierender neutestamentlicher Handschriften handelt.

Die Beigaben am äußeren und inneren Rand (S. 37)

a) 1. Parallelen und Dubletten in anderen neutestamentlichen Schriften, 2. Zitate aus und Anspielungen auf alttestamentliche Texte, 3. sachliche und begriffliche Parallelen im biblischen und jüdischen Schrifttum.

b) Ein Schrägstrich »/« gliedert die Parallelen in Untergruppen.

c) Die Lesart ist im alttestamentlichen Teil des Codex Alexandrinus belegt.

d) Matthäusevangelium: Mt, Römerbrief: R, 1. Korintherbrief: 1K, Hebräerbrief: H, Apostelgeschichte: Act, Offenbarung: Ap.

e) Die kursiv gesetzten Zahlen geben eine alte Kapitelzählung wieder, die sehr häufig in Handschriften zu finden ist, die sogenannten *Kephalaia*.

f) Für die vier Evangelien.

g) Die Notierungen bestehen aus einer arabischen Zahl mit einer daruntergesetzten römischen Zahl. Die arabische Zahl zählt die Abschnitte eines Evangeliums durch, die römische Zahl verweist auf Tabellen, die parallele Abschnitte in den anderen Evangelien verzeichnen und von Eusebius von Cäsarea im vierten Jahrhundert angefertigt wurden.

h) Das Sternchen wird verwendet, wenn der Beginn eines neuen Kapitels der *Kephalaia* nicht auf einen Versanfang fällt.

Die Appendices (S. 37f.)

a) Bei der gekennzeichneten Handschrift handelt es sich um einen »ständigen Zeugen«.

b) Die Kleinbuchstaben bezeichnen, welche der vier Teile des Neuen Testamentes, die in der handschriftlichen Überlieferung Gruppen bilden, in der jeweiligen Handschrift bezeugt sind: e = Evangelien, a = Apostolos (Apostelgeschichte und Katholische Briefe), p = Paulusbriefe (einschließlich Hebräerbrief), r = revelatio (Offenbarung).

c) In Fällen, in denen a (Apostolos) nicht als Einheit überliefert ist, z. B. in fragmentarischen Handschriften, wird je nach Inhalt zwischen Apostelgeschichte (act) und Katholischen Briefen (cath) unterschieden.

d) Im kritischen Apparat werden gelegentlich Zeugen in runden Klammern aufgeführt, deren Wortlaut geringfügig von der Variante abweicht, bei der sie notiert sind. Der genaue Wortlaut ist in Appendix II wiedergegeben.

e) Zitate sind kursiv gesetzt. Anspielungen erscheinen im Normaldruck.

f) In Appendix IV.

3. Der Text der Katholischen Briefe (S. 40f.)

a) In Papyrus 72, den Majuskeln A, C, P, den Minuskeln 5, 33, 81, 88, 307, 436, 442, 642, 1175, 1243, 1448, 1611, 1735, 1739, 1852, 2492, ebenso in griechischen byzantinischen Handschriften, Vulgatahandschriften und syrischen Handschriften ist an dieser Stelle οτι ergänzt. Den Text ohne οτι bieten die Majuskeln ℵ, B, Ψ, die Minuskel 2344 und Lucifer. Die Herausgeber ließen die Entscheidung offen, ob οτι dem Ausgangstext zuzuordnen ist oder ob es sich um eine spätere Variante handelt.

b) In der 27. Auflage, in der der Rhombus noch nicht verwendet wurde, wird diese Variante folgendermaßen notiert: °[οτι].

4. Positiver und negativer Apparat (S. 42)

a) Die Lesart ῥημάτων τῶν προειρημένων in Judas 17 ist durch folgende griechische Handschriften bezeugt: 𝔓72; ℵ (01), B (03), C (04), P (025), Ψ (044); 5, 33, 81, 88, 307, 436, 442, 642, 1175, 1243, 1735, 1852, 2344, 2492.
Vorgangsweise: Die Lösung wurde ermittelt, indem von den ständigen Zeugen des Judasbriefes diejenigen eliminiert wurden, in denen der betreffende Vers nicht enthalten ist. Von den verbleibenden Handschriften wurden dann in einem zweiten Schritt diejenigen entfernt, die die Variante im Apparat bezeugen. Die ständigen Zeugen für den Judasbrief sind (23*): 𝔓72, 𝔓74, 𝔓78; ℵ (01), A (02), B (03), C (04), P (025), Ψ (044); 5, 33, 81, 88, 307, 436, 442, 642, 1175, 1243, 1448, 1611, 1735, 1739, 1852, 2344, 2492. Von diesen stehen für Judas 17 nicht zur Verfügung (Appendix I): 𝔓74, 𝔓78. Die Variante ist bezeugt durch (siehe Apparat zur Stelle): A 1448. 1611. 1739.

b) Die Variante wird geboten von den Majuskeln K, L, W, Δ, Θ, den Minuskeln der Handschriftenfamilie f^{13}, einer Korrektur in Minuskel 288, den Minuskeln 33, 565, 579, 700, 892, 1241, 1424, dem Lektionar 844 und dem Mehrheitstext (𝔐).

c) Die *lectio difficilior potior* könnte man anwenden, wenn man davon ausgeht, dass die Doxologie einen würdigen Schluss für das Vaterunser bietet und damit das Verständnis des Textes erleichtert.
Die *lectio brevior potior* könnte die Lesart des Mehrheitstextes als Konflation der kurzen Variante, wie sie beispielsweise in ℵ, B und D begegnet, mit der Doxologie erklären.

Die Herausgeber bringen außerdem die Vermutung zum Ausdruck, dass die Erweiterung auf 1 Chr 29,11-13 anspielt. Der griechische Text dieser Stelle verwendet die Begriffe βασιλευς (nicht βασιλεια), δυναμις, δοξα und αιων.

d) Der Wortlaut in D, wie er sich aus den Angaben in NA28 rekonstruieren lässt, lautet: ο δε ειπεν προς αυτους οτι δει με και ταις ετεραις πολεσιν ευαγγελισασθαι την βασιλειαν του θεου οτι ...
Vorgangsweise: Zeugen einer Variante, die im Apparat in Klammern notiert sind, bieten eine Lesart, die geringfügig von der Lesart abweicht, bei der sie verzeichnet ist (14*). Der Wortlaut der Variante wird in Appendix II: *Variae Lectiones Minores* aufgeführt. Der entsprechende Eintrag zu Lk 4,43 lautet dort: »• 43 ʃ *pon.* δει με *p.* προς αυτους οτι D« (824), d. h., die Handschrift D setzt (pon. = ponit) »δει με« hinter (p. = post) die Worte »προς αυτους οτι«.

e) Lösung: 𝔓^{66} 𝔓^{75} (A) C D K L W^{s} Δ Θ Ψ f^{1} 33 565 700 892 1241 1424 𝔐 vg^{ww}.

7. Die Kanontafeln des Eusebius (S. 45f.)

a) Mt 24,1-2.
Lösungsweg: Die Zahl 137 für Markus erscheint in der mittleren Spalte der dritten Kolumne von CANON II (91*). Links daneben ist für das Matthäusevangelium der Abschnitt 242 angegeben.
Blättert man im Matthäusevangelium, findet sich bei Mt 24,1 die Zahl 242. Da bei Mt 24,3 der nächste Abschnitt 243 beginnt, ist die Parallele im Matthäusevangelium, auf die in Mk 13,1-2 verwiesen wird, Mt 24,1-2.

b) Lk 19,44 und Lk 21,5-6.
Lösungsweg: Die Zahl 137 für Markus erscheint zweimal untereinander in der mittleren Spalte der dritten Kolumne von CANON II (91*). Rechts daneben sind für das Lukasevangelium zwei Abschnitte angegeben: 237 und 248. Diese Zahlen sind in NA28 am inneren Rand von Lk 19,44 und Lk 21,5-6 abgedruckt.

c) Aus Q stammen die Heilung des Hauptmanns von Kapernaum (Mt 8,5-13) und die Worte über den Ernst der Nachfolge (Mt 8,18-22). Alle anderen Textabschnitte sind dem Markusevangelium entnommen.
Lösungsweg: Die *canones* unterteilen Mt 8 in sieben Abschnitte (63–69). Drei davon sind in allen drei Synoptikern erhalten (Kanon II) und stammen

daher aus Mk (63; 67; 69). Vier Abschnitte fehlen in Mk, kommen aber sowohl in Mt als auch Lk vor und stammen daher wahrscheinlich aus Q (Kanon III: 64 und V: 65; 66; 68).

8. Appendix I B: Codices Latini (S. 47)

a) Das Sigel »d« bezeichnet in den Evangelien, der Apostelgeschichte und in den Katholischen Briefen die Handschrift 5 aus dem 5. Jahrhundert. In den Paulusbriefen aber verweist das Sigel »d« auf die Handschrift 75 aus dem 5.–6. Jahrhundert.

9. Appendix II: Variae Lectiones Minores (S. 47)

a) Die Rekonstruktion von Röm 15,22-23 in F lautet: διο και ενεκοπτομην πολλακις του ελθειν προς υμας απο πολλων ετων ως αν ουν νυνι δε μηκετι τοπον εχων εν τοις κλιμασιν τουτοις επιποθιαν δε εχω του ελθειν προς υμας.
Lösungsweg: In Appendix II ist zur Stelle angegeben, dass die Wörter απο πολλων ετων ως αν ουν aus 15,23-24 nach Vers 22 hinter die Wörter προς υμας verschoben werden müssen.
Außerdem kann dem Apparat entnommen werden, dass in Vers 22 τα πολλα durch πολλακις ersetzt wurde und in Vers 23 εχω statt εχων geboten wird.

Zitierte Literatur

Kurt u. Barbara Aland, *Der Text des Neuen Testaments*, 2. erg. und erw. Aufl.; Stuttgart: Deutsche Bibelgesellschaft, 1989.

Die Bibel: Einheitsübersetzung der Heiligen Schrift. Katholisches Bibelwerk, 1996.

Die Bibel: Nach der Übersetzung Martin Luthers. Bibeltext in der revidierten Fassung von 1984. Stuttgart: Deutsche Bibelgesellschaft, 1999.

F. G. Kenyon, *The Chester Beatty Biblical Papyri: Pauline Epistles*. III Supplement, Text. London: Emery Walker, 1936.

Bruce Metzger, *A Textual Commentary on the Greek New Testament*, 2. Aufl.; Stuttgart: Deutsche Bibelgesellschaft, 1994.

Gerd Mink, »Contamination, Coherence, and Coincidence in Textual Transmission: The Coherence-Based Genealogical Method (CBGM) as a Complement and Corrective to Existing Approaches«. In: K. Wachtel and M. Holmes (ed.), *The Textual History of the Greek New Testament* (SBL Text-Critical Studies 8), Atlanta 2011, 141–216.

Novum Testamentum Graecum – Editio Critica Maior IV. Die Katholischen Briefe, hg. von B. Aland, K. Aland †, G. Mink, H. Strutwolf, K. Wachtel, 2. rev. Aufl.; Stuttgart: Deutsche Bibelgesellschaft, 2013.

Zürcher Bibel. Zürich: Verlag der Zürcher Bibel, 2007.

Dank

Das *Novum Testamentum Graece*, damals in der 25. Auflage, war das erste Buch, das ich mir als Theologiestudent gekauft habe. Und es ist seither keine Woche vergangen, in der ich es nicht mehrere Stunden lang benutzt hätte. Ganz herzlich möchte ich mich bei meinen Studentinnen und Studenten bedanken, die mir immer wieder Rückmeldung lieferten, was an dieser Ausgabe erklärt werden musste und was nur Spezialisten zu wissen brauchen. Es hat mir geholfen, meine Ausführungen zu strukturieren. Mein ganz besonderer Dank gilt Dr. Florian Voss von der Deutschen Bibelgesellschaft, der das Projekt liebevoll begleitet und die Endfassung sorgfältig lektoriert hat.